这才是清朝

鹿鼎公子◎著

7

第2版

太平军兴

中国法制出版社
CHINA LEGAL PUBLISHING HOUSE

总序

清史洋洋洒洒近三百年，三百年间怪事、奇事、惨事、恨事迭出，三百年年年都精彩，年年都有挥之不去的喜怒爱恨。整个清朝三百年，道不尽的风云爱恨。

努尔哈赤以十三副铠甲起兵，建立了后金，身后留下了无数的尸体，却最终倒在宁远城下，栽在“书生”袁崇焕手中，这是对一个暴力征服者的最大讽刺。随后，努尔哈赤诸子开始斗智斗勇，最后皇太极靠谋略成功上位。

皇太极穷其一生的精力都在与明朝对抗，不幸暴毙后，大清国的统治陷入危机，多尔衮与豪格之争最终便宜了顺治。多尔衮率领清军入关后，成为皇父摄政王，将全国军政大权操于一手，顺治完全被架空。此时，孝庄和顺治母子随时都有生命危险，危难关头，孝庄稳住多尔衮，终于使大清逃过这一劫。

顺治是个痴情天子，亲政后经常跟母亲孝庄闹不愉快，结果自己和董鄂妃双双早逝。康熙继位时年仅八岁，不过这是个早熟的孩子，也是个很有天赋的孩子，很早就懂得帝王之术。在别人还是懵懂少年时，他就已经像个猎人一样盯紧了鳌拜，除掉鳌拜之后，康熙终于有机会施展自己的雄才大略。

康熙神不知鬼不觉地除掉鳌拜，平定三藩之乱，收复台湾，荡平准噶尔，击退沙俄……

雍正在治国理念上最大限度地奉行韩非子的法家思想。乾隆是个自作聪明的皇帝，他继位后，废除雍正的严刑峻法思路，重新走康熙的路子。但乾隆并不懂康熙真正的治国精髓，结果变成了外用儒术、内用权术，所以清朝在乾隆时期开始走向衰落。

自乾隆后期，动乱纷起，尤其是白莲教起义几乎波及整个中国。到了嘉庆手中，国家元气已大伤，嘉庆虽然是个仁君，可惜终究没有先祖那份雄才。他虽然减缓了国家的衰败，但始终没能重振大清的雄风。到了道光手中，国家就更惨了，第一次鸦片战争被英国人欺负得够呛，国内的动乱更是风起云涌。

咸丰就更悲剧了，太平天国和天地会起义，全国天翻地覆。更糟的是英法联军来了，他连京城都保不住，年仅三十岁便郁郁而终。咸丰死后，朝政大权掌握在慈禧手中，国家每况愈下，虽然中途出现过洋务运动和维新变法，可惜终究是昙花一现。

清末虽然出现了曾国藩、左宗棠这样的中兴名臣，但亡局已定。最终，辛亥革命一声炮响，末代皇帝溥仪退位。

千古帝王，悠悠万事，功过自有百姓言，清朝这些事儿，就交给读者去慢慢品味吧！

前言

一场轰轰烈烈的太平天国运动将大清国推入了风雨飘摇的境地。一个科举失意的读书人受一本宣传基督教的小册子的启发，创立拜上帝教，太平天国运动以星火燎原之势席卷大清版图。遗憾的是，领导层的内讧导致太平天国的局面急转直下。而大清王朝气数未尽，曾国藩、左宗棠、李鸿章等晚清重臣轮番登场，挽狂澜于既倒，扶大厦之将倾。大清国在落幕之前上演了一出精彩纷呈、跌宕起伏的大戏。

咸丰皇帝就是在风雨飘摇中接过大清国的权柄。他也很想有一番作为，遗憾的是，时运不济，一边是太平天国的内忧，一边是列强环伺的外患，第二次鸦片战争将这位倒霉皇帝推到了腹背受敌的悲惨境地。国库空空如也，手下的臣子又不争气，天津沦陷了，北京沦陷了，圆明园付之一炬，咸丰内心的窝囊和委屈无处宣泄，只能徘徊于后宫，暂且忘却无边的烦恼。可是，嫔妃们也不是省油的灯，争宠弄权，钩心斗角，或许咸丰皇帝在内心深处会大吼一声：朕富有四海，可却找不到一块清净地。

他岂止是生前不得清净，在他死后，两宫太后联手将他临终托孤的顾命大臣铲除，慈禧更是垂帘听政长达半个世纪，国家的权柄牢牢地掌握在一个女人的手中。这个女人不寻常，她是在苦苦支撑这个风雨飘摇的国家，还是将最后一丝复兴的希望扼杀呢？历史自有公论。

目录

第一章　太平存在于天国

未来的继承人确定后，在冯云山的主持下，洪秀全把军队分为五支，分别为：中军、前军、后军、右军和左军。杨秀清担任中军主将，萧朝贵为前军主将，冯云山为后军主将，韦昌辉为右军主将，石达开为左军主将。洪秀全看过《三国演义》，深知军师的重要性，洪秀全一下拜了四个军师，还是杨秀清、萧朝贵、冯云山、韦昌辉这四人。

洪秀全的梦想

万般皆下品，唯有读书高——这句话在封建时代是深入人心的。

当读书成为衡量一个人价值的唯一标准时，"功名"二字将是所有读书人心中的一个重压，考不到功名意味着对一个读书人的否定。从这个角度来看，洪秀全实在太不幸了，但是他并不甘心接受命运的摆布，就跟唐朝时的黄巢一样，他心中也有强烈的富贵梦，渴望成为人上人。

待到秋来九月八，我花开后百花杀。

冲天香阵透长安，满城尽带黄金甲。

这是黄巢在落第之后写下的一首咏菊的诗，诗中豪情万丈，充满杀气，由此可见科举的杀伤力。能够写出这样好诗的人居然考不上科举，可见当时科场之腐败。

洪秀全落第以后又有什么表现呢？老实说，洪秀全没有黄巢那样的万丈豪情，也没有那样的诗情画意，当他看到自己榜上无名后，对着榜单一阵唾沫，骂了句脏话，便郁郁而归。

回去以后，洪秀全把自己关在家里不出门，外人都以为他生病了，他确实是生病了，但不出门的主要原因是无脸见人，毕竟考了这么多次，结果连个秀才也没捞上。极度的悲愤加上羞耻，还有发高烧，在洪秀全的头脑里产生了化学反应。

稀里糊涂中，洪秀全忽然觉得自己是上帝派下来的二儿子，肩负着拯救万民的使命。这个想法有点疯狂，但好歹平衡了他受伤的自尊心。

有了这般神奇的体验，洪秀全提笔写下了下面这首诗：

手握乾坤杀伐权，斩邪留正解民悬。
眼通西北江山外，声振东南日月边。
展爪似嫌云路小，腾身何怕汉程偏。
风雷鼓舞三千浪，易象飞龙定在天。

这首诗严格来说不算是诗，并且反意昭然。写归写，洪秀全这时还真没有造反的打算，只不过是发泄对清王朝的满腔仇恨而已。

科举的路走不通，洪秀全选择了上帝，当然，这个上帝是洪秀全的上帝，并不是基督教上帝。洪秀全带着表弟冯云山开始传教，还别说，真有一些人相信他们。在传教过程中，冯云山似乎显得更有才能，他能招揽更多的教众。

随着教众越来越多，洪秀全得意之下，写下了一首诗：

手持三尺定山河，四海为家共饮和。
擒尽妖邪归地网，收残奸宄落天罗。
东南西北效皇极，日月星辰奏凯歌。
虎啸龙吟光世界，太平一统乐如何！

这又是一首反诗，由于洪秀全坚持不懈地传播自己的“反意”，最终丢掉了私塾老师这个饭碗。失去饭碗后，洪秀全带着冯云山和教众出门闯荡，刚开始他们到广州城里传教，发现效果不好，便退而求其次，到乡野间去传教。这次多少有些收获，历尽千辛万苦，终于招到了几十个教徒。

不久后，洪秀全和冯云山商议去广西传教，或许那里情况会有所不同吧！到了广西，情况并没有好转。中国的老百姓都没听说过什么上帝，大家只知道玉皇大帝、太上老君、土地公等。

失望之下，洪秀全又回到了老家。他回家以后干吗呢？说来也没干什么大事，只是捡起课本，重新到私塾里授课，人毕竟是要吃饭的。当时，洪秀全是很努力的一个人，他白天教书，晚上回家研究上帝这门学问，还写出了《原道救世歌》《原道醒世训》《原道觉世训》《百正歌》《改邪归正》等文章。他无非是从基督教思想中断章取义一些东西，然后再用中国的语言表述出来。

英国一个传教士曾这么评价洪秀全："如果教皇有权处置他（洪秀全）的话，早把他烧死了。"

洪秀全写的这些东西虽然不伦不类，但好歹算是一种理论积累吧！

与此同时，冯云山还在广西那边苦口婆心地传教。冯云山跟洪秀全一样，也是个落第秀才，所以两人特别有共同语言。不过，冯云山的性格跟洪秀全恰恰相反，洪秀全属于夸夸其谈的理论家，冯云山更多的是一个实干家。两人到广西后，洪秀全半途而废，冯云山却坚持了下去。

他一边教书、打短工养活自己，一边传播"新思想"。冯云山是一个非常有毅力的人，也是一个很有能力的人，我们千万不要小看了他。到道光二十七年（1847 年）时，冯云山已经有两千多个教徒了。在这些人中，已经有像杨秀清、萧朝贵、石达开这样的“开国功臣”了。

洪秀全听说冯云山在广西混得挺好的，便赶了过来，顺利地接过了领导权。

洪秀全和冯云山商量出一个点子，准备先从象州的甘王庙下手。甘王庙其实就是一个破庙，这个叫甘王的人并不是什么神，他本是五代时期一个将领，叫甘佃，原名罗应，其经历颇为传奇，曾跟着刘裕一起打天下，刘裕准备封他为护国大将军，被他拒绝了，他只要求刘裕免去自己家乡的皇粮。所以，他死后被象州人奉为神。

这年十月，洪秀全带着大家冲进甘王庙里，把里面的东西砸个稀巴烂，并宣布甘王为邪神，以后不准祭拜他。这么一来，当地老百姓不干了，我们的偶像好好的，你干吗砸他啊，还不让我们祭拜，岂有此理？！当地的乡勇们拿起武器，准备跟洪秀全大干一场。这时，忽然有一个男孩倒在庙前，自称甘王附体，哆哆嗦嗦地说道：“你们千万不要伤害这些打我的人，他们是神圣的，得罪不得。”

老百姓一看吓坏了，纷纷逃回家。洪秀全笑道，成功了。等乡民们散开以后，他拍着小孩的肩膀说：“你真机灵，来，这些都是赏你的。”

打倒甘王后，洪秀全带着教众开始破坏民间的各种神，谁也不敢再阻拦他们。慢慢地，越来越多的人加入拜上帝会。

事情闹大了也会有麻烦，官府盯上了拜上帝会，并在乡勇的带领下抓捕了冯云山。冯云山到狱中坚称自己只是信仰基督教，并没有做不法的事情。桂平县的知县担心事情闹大了可能会引起教徒们动乱，为了息事宁人，决定放了冯云山。知县让两个官差把冯云山押回家乡，没想到半路上冯云山居然成功劝说这两个差役加入拜上帝会。

其实，冯云山出狱的真正原因是教徒们集资打点县衙。冯云山被捕之时，洪秀全在干吗呢？他匆匆赶到广州，准备向两广总督耆英告状，以救出冯云山。

土客之争

冯云山被捕是洪秀全集团的第一个风波，凡有风波的地方难免会产生一些风险。

冯云山被捕之后，洪秀全去了广州，拜上帝会群龙无首，那谁在主持呢？

这时，稳定局势的是杨秀清和萧朝贵，杨秀清看到教众心态不稳。当着众人的面突然倒地，接着一个鲤鱼打挺，忽然站起来，开始说胡话了，自称“天父”附体。杨秀清转达了“天父”的意思，把思想摇摆不定的黄氏家族驱逐出拜上帝会，客观上维护了这个团体的稳定，也缓解了内部的骚乱情绪。杨秀清因为此事威望骤增。

萧朝贵在一旁看杨秀清表演，也学着他的样子，突然倒地，又突然站起，自称“天兄”耶稣附体，与杨秀清配合得天衣无缝。

这事洪秀全和冯云山都不知道，这里面有这样一个问题，如果杨秀清成了天父的代言人、萧朝贵成了天兄的代言人，那洪秀全和冯云山干吗呢？洪秀全和冯云山知道此事后，两人商量怎么处理，经过仔细观察，他们断定杨秀清和萧朝贵当时只是为了稳定教众，并没有取而代之的野心，决定承认这件事。洪秀全自称是上帝的儿子，杨秀清和萧朝贵不过是上帝和耶稣的代言人，地位不可能超过洪秀全这个上帝的亲儿子。

杨秀清是一个孤儿，五岁丧父，九岁丧母，从小跟着伯父生活。长大后以烧炭为生，由于职业关系，杨秀清身体瘦弱。不过，杨秀清这人头脑很好，善于结交朋友。萧朝贵是杨秀清的同事，也是烧炭的，如果说杨秀清长相奇怪的话，那么萧朝贵的长相就堪称丑陋凶恶了。

这件事让洪秀全意识到巩固个人权威的重要性，后来洪秀全多次装神弄鬼，加上他懂得一些医术，在教众眼里他变成一个无可替代的神人。道光三十年（1850 年），金田村一个叫韦昌辉的大财主加入拜上帝会，这是加入拜上帝会的第一个有钱人。我们知道拜上帝会主要是由一些穷苦落魄的人组成的，这些人来历也有所不同。

要了解太平天国起义，就不能无视客家人这个群体。太平天国的领导层有不少客家人。客家人究竟是一群什么样的人呢?

其实客家人是货真价实的中原汉人。他们的祖先据说可以追溯到秦始皇时期，秦始皇南征北战，曾经派遣五十万大军进驻岭南，这五十万大军在蛮荒之地定居下来，传播中原文化。最终这个群体演变成客家人。明清时期，一些客家人也在不断迁徙。

由于客家人始终保留着自己的传统，这就让他们与原籍本地人存在冲突。广西的土客之争就是指客家人和当地人之间的矛盾与争斗，所谓“客”是指从广东迁入广西的客家人，所谓“土”就是广西当地原籍的人，这些人中既有汉人也有少数民族人民。

金田起义

这场争斗给洪秀全制造了一个很好的机会，他可以凭借自己的威望把客家人聚拢起来，共同对付土人。

在起事之前，精明的洪秀全把家人都接到广西；冯云山就没有洪秀全这么机警，所以起事之后，家人被官府拿住，基本上都被砍头了。洪秀全和冯云山的祖坟也被刨得一干二净。

道光三十年（1850 年）七月，广西的许多人纷纷涌入金田村。刚开始的时候，官府以为这些人是逃难的。对于外来人和土人的矛盾，官府一向是睁只眼闭只眼的。

韦昌辉也是客家人，他出身于大地主家庭，别的没有，就是钱多。所以，金田起义前，韦昌辉的主要任务是出资打造兵器，洪秀全甚至干脆把总部设在韦昌辉的家里。

看到各路人马都来齐了，洪秀全诗兴大发，写了一首志得意满的诗：

近世烟氛大不同，知天有意启英雄。
神州被陷从难陷，上帝当崇毕竟崇。
明主敲诗曾咏菊，汉皇置酒尚歌风。
古来事业由人做，黑雾收残一鉴中。

这首诗烂得可以，但意思还看得清楚，洪秀全把自己比作刘邦、朱元璋那样的人物。

咸丰元年（1851 年）正月十一日，这天是太平天国的第一天。造反是没有回头路的，洪秀全只能死撑下去。一些拜上帝会的信徒在前往金田村的途中跟清军发生了武装冲突，双方都死了不少人。所以，洪秀全不可能再说自己搞和平聚会了。

在与清军的交战过程中，杨秀清脱颖而出，首场胜利就是他取得的。杨秀清率领几千人击败浔州副将李殿元，并击杀了其中一个巡检。这一战鼓舞了教众的士气，在这场战斗中，杨秀清表现出了非同一般的军事头脑。当时洪秀全和冯云山在思旺指挥战斗，被清军包围了，杨秀清破关卡、败清军，解救洪秀全，将他迎回金田。所以，这场战斗在太平天国里又叫“迎主之战”。由此可见，这是决定太平天国命运的一战，如果杨秀清救援失利，洪秀全先被清军灭掉，太平天国运动很难兴起。

在这场“迎主之战”中，烧炭出身的杨秀清表现出了非凡的军事才华。他先派人秘密攻克了清军关卡，随后对围困洪秀全的清军进行偷袭，整个部署堪称佳作，在调兵遣将这块，杨秀清也表现出了知人善任的智慧，所以他后来成为太平天国的实际掌权者并不是偶然的。

金田起义并没有引起清政府的重视，他们觉得这不过是地方上一些乱民在闹事，甚至都不知道拜上帝会这个组织。至于洪秀全的大名，还不曾传入清朝高层的耳中。

不过思旺之战已经把广西地方政府吓坏了，广西和贵州两省加紧训练乡勇团练，与清军正规军一起，兵分两路向金田进发。与此同时，越来越多的人会聚在洪秀全的麾下。

得知清军要来进攻，大家似乎也不是很怕，因为大家有洪秀全这样的精神领袖。洪秀全不是“人”，他是上帝的二儿子，有神的支持，纵使再多妖魔鬼怪也不在话下。不等清军来进攻，太平天国的将领们就带着教众挥舞着大刀长矛朝清军冲过去，完全一副神灵附体的状态。当地的乡勇打前锋，正规军跟在后面，当他们看到太平天国的这些人完全像不要命一样时，都吓呆了。天哪，从哪里来的一群不怕死的人！两军还没交战，乡勇和正规军就开始溃退。

清军将领伊克坦布想阻止众人溃退，却被自己的士兵撞下马来，来不及逃跑就被太平天国的人杀死。

这一战，太平天国赢得很轻松，大家更加信任上帝之子洪秀全。

纪律严明，威风八面

道光三十年（1850 年），道光走完了自己悲剧的一生。

而此时的起义领导人正聚集在一起商议起义事宜。就像一切新生事物一样，呈现出蒸蒸日上的气象，刚开始的时候也没有太多的争权夺利，甚至称得上纪律严明。

拜上帝会的信徒们欢聚一堂，庆典中，洪秀全再次确立了自己的地位，他是普照万方的“太阳”，杨秀清是“圣神风”，萧朝贵是“雨神”，冯云山是“云神”，韦昌辉是“雷神”，石达开是“电神”。总之，这些领导者全都不是凡人，而是“天神”下凡。

也就是在这次庆典上，洪秀全自称“太平真主”，他的军队称为太平军，正式打出反清大旗。说到太平这个词语我们实在太熟悉了，倒不在于这个词语反映了什么太平的愿望，而是因为它往往跟叛乱联系在一起。东汉的张角创立太平道，举起黄巾起义的大旗；现在洪秀全创立太平天国，意义也是一样的。

在起义的准备阶段，洪秀全发布了五项军纪：

一、绝对服从洪秀全的领导。

二、分立男营女营。

三、对百姓秋毫无犯。

四、所有教众的财产归公家所有。

五、大家齐心协力，打仗时不可以临阵退缩。

洪秀全都已经称王了，咸丰当然不能坐视他壮大，咸丰想起用老辣干练的林则徐。以林则徐的才干能力，镇压一批刚刚兴起的叛乱之众自然不是问题。然而，此时被贬伊犁的林则徐已是一个老者，当他接到圣旨的时候，心中感激皇恩浩荡。可惜，返京的路上他就病死了。

林则徐既死，咸丰便任命两江总督李星沅接替他。李星沅调动了六省的军队前去进剿，不过人数倒不多，总共才一万多人。咸丰还任命悍将向荣为广西提督，和广西巡抚周天爵一起配合李星沅剿匪。

咸丰元年（1851 年）正月，双方在大湟江口和牛排岭发生激战，太平军多次搞伏击，击败向荣部队。后来，清军联合作战，逼退太平军。随后，太平军开始了战略转移，移师武宣和象州一带。二月二十八日，洪秀全抵达武宣东乡，在这里完成了太平天国的制度建设。

洪秀全自称天王，长子洪天贵为幼天王。洪秀全觉得儿子洪天贵的名字不够威风，于是在后面加了一个“福”字，变成了“洪天贵福”，成就了一个奇特的名字。

未来的继承人确定后，在冯云山的主持下，洪秀全把军队分为五支，分别为：中军、前军、后军、右军和左军。杨秀清担任中军主将，萧朝贵为前军主将，冯云山为后军主将，韦昌辉为右军主将，石达开为左军主将。洪秀全看过《三国演义》，深知军师的重要性，洪秀全一下拜了四个军师，还是杨秀清、萧朝贵、冯云山、韦昌辉这四人。

冯云山在太平天国中的角色有点类似萧何，他按《周礼》为洪秀全设定了官僚机构和军事组织，至此，太平天国已经完全像一个小朝廷了。杨秀清成为这个朝廷的二把手，掌管一切军政要务，统摄吏部、户部、礼部、兵部、刑部、工部六部。

可以肯定的是，这个安排一定出自冯云山的头脑。冯云山文史功底比洪秀全强多了，他看到了杨秀清处理政务的能力，也了解表哥洪秀全是个什么样的人，这种安排完全是为了维护集团的利益。冯云山熟悉历史，他一直认为明朝和清朝的腐败是由于朱元璋废除了丞相，当然，这个看法并不是冯云山读书时自己总结出来的，而是直接承袭了黄宗羲的思想。

冯云山也确实有萧何的心胸，所以他在为太平天国制定蓝图时完全站在集团的立场上，没有考虑自己的得失。本来，如果没有杨秀清和萧朝贵，冯云山稳坐第二把交椅，现在却要屈居在杨秀清之下，没有容人之量肯定是做不到的。在制度设计时，冯云山一心想“重回汉唐”，在他看来，汉唐制度开明，正是他理想的国家模板。

洪秀全对这种设计是否满意呢？从史料中看不出洪秀全有任何不满的地方，这可能跟洪秀全的知识水平有关，他看不到这种设计实际上不利于树立他至高无上的权威。洪秀全不但没有任何不高兴，反而非常开心，自己坐在最高的宝座上，吃喝玩乐，什么都不用操心，真是世间最美的事。等洪秀全意识到这一点时，他跟杨秀清的关系就像历史所揭示的那样，两个人中只能活一个。

看到太平天国已经有了国家的雏形，洪秀全高兴之下，一口气纳了二十一个妃子，提前享受当皇帝的感觉。

客观地说，太平天国这套制度在刚开始的时候还是管用的，人心划一，所有人都朝着同一个方向前进，所有人都为着同一个目标奋斗。所有人都把自己的财产交出来，上缴到“圣库”之中。谁需要花钱就从“圣库”中领取，人人平等，大家同吃同住，天南地北皆兄弟。会众必须严格禁欲，连夫妻平常也不能会面，这么做是为了防止沉溺女色削弱军队的战斗力。如果发现男女私下约会，将处以极刑，连正常夫妻都不例外。年轻将领陈宗扬和妻子同房被发现，夫妻俩论律当斩首，杨秀清极力保他们，装着天父附体的样子，情愿为他们挨六十板子，才保住了他们的性命。

禁止男女交往很明显违背了人性，这个政策很难推行下去，第二年就被废去。

但不能不承认的是，这种军事化管理和财产制度确实能激发大家的积极性，在初期能让教众保持高昂的斗志。洪秀全为了表示和清廷对抗到底的决心，号召教众一起蓄发。此后，清政府称这些蓄发的起义者为“长毛”。

漂亮的一仗

周天爵这个人还是有些来头的，他是咸丰的老师杜受田的门徒。周天爵做官还不错，不怕得罪人，颇有李卫的风格，但这人有很明显的暴力倾向，性格非常顽固。他跟顶头上司李星沅的关系很糟，周天爵提出一整套剿匪的计划，李星沅根本不买账。

周天爵、李星沅、向荣这三人就脾气来说是很像的，三人都觉得自己很了不起，不服别人，让他们协调作战几乎是不可能的。咸丰将这三人安排在一起不知用意何在，说到用人，清朝自康熙以降，几乎是一代不如一代。

清军将帅不和，这对太平军来说是一个很好的机会。太平天国高层决定发动一场主动袭击，地点选在三里圩。三里圩是一个丘陵地带，中间分布着大大小小的村落，这种地带最适合布置伏兵。在此之前，杨秀清先派人勘察地形。杨秀清这个人确实精明，他做事之认真仔细简直不像是烧炭出身。他不仅让人勘察地形，甚至还改变地形以适应战事需要。

杨秀清是怎么改变地形的呢？比如说这个地方路口太多了，清军很容易杀进来，就把路口给堵起来；这个地方掩护少，就多搬些石头过来；这条河流正好通向我们的老巢，就想办法把河堤炸掉，迫使河流改道。杨秀清亲临第一线，监督各地防御工事，当时太平军防御之严密连清军都心服口服。

石达开跟杨秀清性格不一样，他更具进攻性，所以也更加重视枪炮这些武器。两人有一个共同点，即做事情都非常严密有条理。

韦昌辉负责在前线指挥，杨秀清率领主力在后面，等待敌人深入，石达开在关口坚守炮台。整个作战体系是相当严密的，太平军布置成一个布袋的形状，就等着清军钻进来。

周天爵很快就上套了。周天爵是个性情非常急躁的人，尤其在跟李星沅和向荣关系闹僵之后，他想独自率领军队拿下太平军，以此证明自己的实力。周天爵手中的兵马很少，只有一百多人，用一百多人去灭掉两万多人的太平军，周天爵是不是脑子发热了？说来这周天爵还是个很有意思的人，他听说书的人说岳飞率领八百人破金兵十万铁骑，心想，我在路上再招募一两百人，不跟岳飞破金兵的比例差不多吗？

在路上，周天爵又招募了一百多乡勇。周天爵赶到武宣县时还分了一百人给知县刘作肃，自己率一百多人向东乡出发。太平军得到这个消息非常惊慌，没人知道周天爵葫芦里卖的是什么药。

话说这个周天爵赶到东乡时，李星沅也急了：他这么搞迟早要连累大家。没办法，只好派出五千人增援。向荣也带着两千乡勇赶了过来。向荣虽然吃了不少败仗，但确实是一个相当勇猛彪悍的将军。洪秀全对他还是心存忌惮的，听说他来了，命令韦昌辉向后撤退。

向荣看太平军撤退，以为这些人都是软蛋，玩起了艺高人胆大的把戏，率领六百人孤军深入，结果大家都能猜到，被围了。被围之后，乡勇们只顾逃命，哪儿还顾得上他向荣。向荣想阻止，他的部下甚至想背后给他一刀。

听说向荣被围住了，周天爵抛弃旧怨，带着四百人前去支援。周天爵不怕死，可其他人很在乎小命，大家看到太平军的架势，纷纷想逃跑。周天爵手起刀落，连砍了两个逃兵，但是于事无补。看这些人个个都胆小如鼠，周天爵很看不起，也很无奈。相反，他倒悠闲地抽起了烟。我们很难知道他在想什么，可能他在想：这才是英雄本色，泰山崩于前而面不改色。

不久，李星沅派来的援兵到了，这时清军已经有万人，总算解了向荣之围。接下来便是讨论作战计划了，但还没进入营帐，这些人就吵了起来。大家并不是商量什么作战计划，而是互相责骂，吵到大家都觉得累的时候，才气喘吁吁地讨论作战方针。最后，在其他人极不情愿的情况下，终于通过了周天爵提出的作战计划：兵分四路进攻。

这四路军队最后全部落入太平军的包围之中，在战场上，清军终于看清了：这群人全都“疯了”，他们高唱着洪秀全编写的诗歌，进入战场如入无人之境。清军全面败退，后来在太平军的连番打击下，周天爵终于服输了，输了战场不要紧，如果输了心气那就完蛋了。

周天爵到最后居然认为太平军是不可战胜的，清廷是永远不能击败他们的，为啥呢？他们全都不怕死，好像吃了什么奇怪的药。周天爵还把这个观点上报给咸丰，咸丰也是将信将疑。

这一战，杨秀清的功劳最大，事实上他在太平天国的地位也更加巩固了。如此，我们才能明白冯云山当时为何把杨秀清安排到丞相的位置上。杨秀清连大字都不认识一个，更别说有什么深厚的文化功底了，但他却有天生的治国和军事才能。他之所以能脱颖而出，跟太平天国草创时期的松散制度有很大的关系。

杨秀清在天京事变被杀后，太平天国不断走下坡路，最后到了举步维艰的地步。其实，在杨秀清的一生中，仍然有很多失误。最大的失误就是自居九千岁，想和洪秀全平起平坐。虽然杨秀清治军甚严，但战略上也有失误。比如定都南京就是杨秀清的主张，南京虽然古代也是帝都，但这里盛产偏安朝廷；如果说杨秀清是想以南京为根据地的话，这还不能算作一个失误，但他兵分两路北伐无疑会分散军力，西北两路军相隔甚远，又不能做到首尾呼应。

杨秀清是一个雷厉风行、铁腕有力的领导者，作为太平天国的领导者之一，他实际上是这个集团不可或缺的核心人物。他被杀之后，太平天国的领导层出现一个真空状态，再也没有人能填补这个真空。洪秀全虽然把自己的亲朋好友都弄到重要岗位上，但太平天国已经无可挽回地走向覆灭之路。

忠王李秀成评价杨秀清说，他在世时，军令严整，赏罚分明，军心臣服。洪秀全意识到这点，他借韦昌辉和秦日纲之手除掉杨秀清，又以滥杀无辜的罪名除掉韦昌辉和秦日纲，后来又规定杨秀清死的那天为“东王升天日”，让天国的人民代代不要忘记。

其实杨秀清所做的事情只有一件：避免农民军成为流寇。这就是太平军在前期势如破竹的原因。

钦差大臣不管用

清军的惨败给咸丰打了一针，让他意识到自己可能遇上对手了。

第一件要做的事情是惩罚那些作战不力的将领，接下来便是调兵遣将了。咸丰派遣湖北盐法道姚莹和淮阳兵备道严正基前往广西督战，还派遣广州副都统乌兰泰去支援。乌兰泰这个人很有意思，他只带了二十八个火枪兵。如果说这些还只是点将的话，那么接下来就是要选帅了。

为了确保战争取得胜利，咸丰还任命首席军机大臣、文华殿大学士赛尚阿为钦差大臣，到广西坐镇指挥。赛尚阿出马可见咸丰对太平天国的重视程度。

赛尚阿是满洲正蓝旗人，嘉庆年间曾中过举人，在满人之中他算是比较有文化的，道光年间曾担任军机大臣，官至理藩院尚书。到道光末年，他又身兼协办大学士和九门提督等要职，在人们眼里他已经是一人之下、万人之上的“宰相”了。

在赛尚阿出征前，咸丰就给他一把尚方宝刀，授予他先斩后奏的权力。咸丰还给他增拨了两百万两白银，对他寄予了殷切的希望。赛尚阿去广西，一般人都认为贼众死定了，只有少数人保持着清醒的头脑，认为赛尚阿这次去不但不会成功，反而会引起天下的兵灾。

这些人凭什么做出这样的判断呢？因为了解赛尚阿是个什么样的人。赛尚阿做官还可以，清正廉洁，审案和办公都还行，让他去打仗却是万万不行的，上了战场我们就知道了。

赛尚阿出发时排场是相当大的，时任吏部侍郎的曾国藩当时对此就很看不上眼，在给弟弟的信中嘲讽赛尚阿虚张声势。赛尚阿还没有到达广西，从其他各省选出来的四千精兵已经开到广西。在赛尚阿抵达广西前，广西已经有四万清军了。李星沅已经被打怕了，整日忧惧，既恐惧太平军袭击，又担心咸丰怪罪。没多久，就一命呜呼。

赛尚阿从京城到广西，走走停停，一共花了两个月。这两个月，清军和太平军主要是对峙，双方都忙着修建防御工事，并不急着交战。中途，太平军的将领凌十八率领万人前来会师，结果清军在江上拦截，致使会师失败。这次会师失败，对太平天国而言是一次沉重的打击，他们意识到自己并不是战无不胜的。

其中一些教徒开始清醒，清醒之后第一件事就是后悔："哎呀，我的脑袋怎么会这样，我怎么相信上帝、天堂这些个离谱的东西。"可惜财产都已经充公了，现在肯定是要不回的，于是一些心怀不满的人在背地里搞破坏，抢劫民财、煽动叛乱等。太平天国的军纪开始受到挑战，如果不能果断有力地处理好，很有可能从一支纪律严明的军队再次蜕变为流寇。

这时候，杨秀清站出来了，哐啷一声倒在地上，又噌的一声跳将起来。不得不佩服杨秀清这个人，每到太平天国危难之时，他都不顾脑震荡的危险，突然开始倒地跳起，上演一出“附身”的“好戏”。杨秀清对大家说：“我派遣你们的主子为天王，他说的话就是我的命令，你们一定要遵从。你们要全心辅佐你们的天王，不得有任何胆大妄为的行为，也不能有任何怠慢。相信你们的天王吧，你们跟着他一定不会错的。”

杨秀清“清醒”后，萧朝贵也哐啷一声倒地，接着又跳起来，说道：“天国的臣民就应该有天国的风范，要遵纪守法，不要抢劫百姓的财产，打仗的时候不可以临阵退缩。大家要不分彼此，同心协力，打下江山以后，不仅可以上天堂，荣华富贵也享不尽。”

杨秀清和萧朝贵这双簧唱得好，一个是从思想上规整众人，一个是用物质诱惑众人。

清军越来越多了。这期间，凌十八等其他一些反清部队被清军歼灭，很多人投降了清军，最著名的一个降将就是冯子材，冯子材后来成功击败法军，从一个流寇将领变成民族英雄，这是一个非常华丽的蜕变。

赛尚阿对打仗毫无经验，来了以后也想不出好的战略，只能硬着头皮让向荣和乌兰泰出战。乌兰泰一直掌管火器营，是个火器专家，他不喜欢近身肉搏，喜欢搞远程射击。他带着几十个炮手朝对方开炮，双方互有损伤。乌兰泰急着上奏，说自己轰死对方多少人，偏偏不提己方损失了多少人。

在小规模交锋中，双方互有胜负。乌兰泰取得小胜之后，第二次跟太平军交手时却被围住了，清军纷纷逃窜。后来，还是向荣赶过来支援，击退了太平军。

赛尚阿到广西后做的第一件就是重用在家守丧的举人江忠源，江忠源可谓湘军团练的祖师爷，当时他负责训练五百个团练。

江忠源上前线后，带领五百个衣衫褴褛的乡勇，逼向太平军前线。石达开以为江忠源是来送死的，很是轻敌，没想到江忠源带领的这些乡勇全都彪悍勇猛，都是一副拼命的架势。石达开一看讨不到便宜，赶紧下令撤退，结果在逃跑过程中被江忠源砍了几百个士兵首级。

江忠源一出手就让人刮目相看，清军上下都对他相当尊重，职位比他高的将领在行动之前都会先请教他。此后，江忠源一发不可收拾，在战争中屡屡挫败韦昌辉、石达开这些人，江忠源收到的咸丰的表扬如同雪片一样。

写鸦片战争之时，我们就要提到姚莹这个人，鸦片战争时，清军全面溃败，只在台湾府取得了局部胜利，由此可见姚莹这个人不一般！像这样的人才自然要用到刀刃上，这次平定太平天国起义的功劳也有姚莹的一份。赛尚阿虽然不懂打仗，但还是会用人的，他的任务不在于指挥，而在于协调各路将领。

在赛尚阿的统一调度下，太平军扛不住了。清军步步为营，稳扎稳打，想一步步摧毁太平军。洪秀全危机感重了，打算突围，回到金田。回去的路上，洪秀全扫荡了曾经抓捕冯云山的团练头目王作新等人，王作新的亲属有四五人战死，王作新自己则脱身逃走。

太平军转移到紫荆山一带时，与清军又展开了一场血战。赛尚阿拿着尚方宝刀，清军将士们不敢不死战。在统一领导和尚方宝刀面前，向荣的能量得到了释放，他就像一只能量惊人的野兽，在战场上不知疲倦地厮杀着，让洪秀全和杨秀清寝食难安。同时，姚莹和江忠源还不断发起心理战，宣称洪秀全已经被击毙，清军已经在太平天国的防区内埋下了大量的地雷和炸药。

这些心理战术对瓦解敌人的斗志起到了很重要的作用，太平天国中很多人开始想着叛离。到了这时候，又是杨秀清和萧朝贵复出之时了，他们再次玩起了附身的把戏。可惜，危急时刻，这些旧日的把戏已经不太管用了。

怎么办？杨秀清觉得还是用实力说话吧，打几场胜仗鼓舞一下士气。杨秀清亲自率领部队击溃了乌兰泰的火枪兵，他想多取得几个胜利，稳固军心，可惜还是难敌饿狼一样的向荣，最终被打回来了。萧朝贵和韦昌辉也先后被向荣击败，韦昌辉的两个弟弟战死。向荣将战线推入太平天国的防区，占领了太平军的一些重要阵地。连在战场上一向沉稳老辣的杨秀清也屡屡吃败仗，更让人绝望的是，这时候各省仍在源源不断地往广西运送清兵。

杨秀清一向是个沉得住气的人，这时候也有些发狂了，满腔怒气无处撒。他决定选择达洪阿下手，达洪阿这个人喜欢炫耀，平时没事习惯把咸丰皇帝赏赐的黄马褂穿在身上，在战场上也不例外。杨秀清便挑选了一批精干的兵将，袭击达洪阿所在的部队，恰好乌兰泰赶过来支援，都被杨秀清歼灭，仅达洪阿和乌兰泰两人幸免。

尽管如此，也无法扭转太平军的劣势。恰好这时，旗人巴清德嫉妒向荣的功劳，拼命跟向荣作对，给咸丰上书“五不可”，让皇帝好好管教向荣，别让他气焰过于嚣张。结果，在战场上如狼似虎的向荣气得一病不起，赛尚阿充当和事佬，过来劝向荣，向荣这才勉强起床。

清军势头很猛，大有一战扑灭起义的架势。

咸丰元年（1851 年）八月二十日，太平军撤到平南县思旺墟，这里是杨秀清首战告捷的地方。这一次可能不会像第一次那么走运了，清军也尾随而至，和太平军相距不到五里。双方都没有进攻，不久就天降大雨，火器都不能用了。这时候如果打仗的话就完全是拼刺刀了，杨秀清也是这么想的，所以他命令萧朝贵和韦昌辉抓住机会，即时出击。

向荣之前特别拉风，没想到在这场雨中之战全军覆没，他本人狼狈不堪地逃走了。逃到半路上，江忠源过来接应他。向荣抱着江忠源大哭：“我打了几十年的仗，从来没有受过今天这种耻辱。”

正是这一战，给了太平军喘息的机会，他们收缴了清军的粮草和武器，冲出了清军的包围，向广西繁华地带发展。这不仅鼓舞了太平军原本低落的士气，而且士兵人数很快就发展到八万。

咸丰派遣钦差大臣赛尚阿，原本是为了扑灭叛乱，没想到叛乱之火越烧越旺。我们只能说，这个钦差大臣不管用。

永安很重要

太平军本来发展遇到瓶颈，现在清军拱手送给他们一大批先进武器，无疑是给了他们一个突破瓶颈的机会。

武器装备提升了，就有了攻打大城市的本钱。洪、杨两人决定兵分两路攻打永安，这对太平军来说是一个新的考验，他们绝不敢掉以轻心。他们根本想象不到，结果太顺利了。其实，也不奇怪，向荣自从上次大败，迁怒于乌兰泰，认为是他故意不来救援自己。清军内部的分裂越来越严重了，向荣再也不肯出力，所以这么多人看着太平军云集永安，居然都没有反应。

永安的守城官兵不到一千人，太平军玩了一个小把戏就把永安城拿下了。他们准备了许多炮仗，点着后扔进城，看到烟雾滚滚，官兵们都非常惊慌，太平军将领罗大纲正好借着机会登城，一举拿下永安城。知州吴江和副将阿尔精阿纷纷投水自尽。

永安城是太平天国拿下的第一座城池，听到这个消息，赛尚阿当即就慌了。不久，他就收到消息，咸丰让刑部给他议罪。

清军那边慌乱了，太平天国这边却忙着确立制度。

洪秀全自诩是上帝的儿子，出于对“上帝”的尊重，洪秀全认为只有上帝可以称得上是帝，自己只能称王，那么杨秀清冯云山这些功臣怎么办呢？这些人个个劳苦功高，洪秀全起于草根，多少讲些义气，如果不给这些人封王他也觉得过意不去。最后还是决定，封杨秀清为东王，九千岁；封萧朝贵为西王，八千岁；封冯云山为南王，七千岁；封韦昌辉为北王，六千岁；封石达开为翼王，五千岁。

这次封王有一个重要的地方，洪秀全是最高领导者没有疑问，杨秀清为诸王之首，节制诸王。这实际上是正式赋予杨秀清主持军政大事的权力。让人吃惊的是，太平天国这次封王还真的就是封王，所谓真的封王就是先秦时代的那种王，诸王享有封地，可以在自己的封地里设立行政机构。这完全是模仿周朝的体制，这种体制已经被历史证明是行不通的，洪秀全又捡起来用。

这种周朝的分封制度跟清朝的中央集权制度恰恰是两个极端。

这个设计应该还是冯云山的创意，因为从后来历史看，洪秀全对于分封制是不满的，不断地加强集权。这一方面说明了分封制已经不再适应历史需要，另一方面也说明了分封制并不是洪秀全想要的东西。但分封制不只是一种理念，更是缓和太平天国高层矛盾的一种策略。

有意思的是，借着这次封王，洪秀全将自己内心表露无遗。他规定以后只准太平天国的王用“王”字来称呼，历史上其他的王全部要在前面加一个反犬旁，变成了“狂”。比如，燕王朱棣应该说成燕狂朱棣，霸王项羽应该说成霸狂项羽。

永安建制之时还颁布了新的历法，称为《天历》。关于这个天历还发生了一个有意思的故事，咸丰四年（1854年），一个叫张炳垣的秀才不满太平天国的统治，纠集一批同样心怀不满的人，准备打开城门，将清军引进来。这事还差点成功，张炳垣竟然联合了六千人。

败露的原因却让人啼笑皆非，张炳垣和清军约好开城的时间，张炳垣一个疏忽，按照天历计算，而清军却是依据旧历，结果相差了六天。开城的那天，清军没来，杨秀清倒是来了。杨秀清亲自审理这个案子，没想到一向精明的杨秀清这次弄巧成拙。

张炳垣不承认自己通敌，说那个告发自己的张沛泽是个瘾君子，因为害怕自己告他吸食鸦片所以诬陷自己通敌。杨秀清最痛恨吸食鸦片的人，居然相信了张炳垣。杨秀清立即放下这个案子，将张沛泽等吸食鸦片的人全部处死。在做这件事的时候，杨秀清是带着极大的愤怒的，所以也没来得及问清青红皂白。

在太平天国的高层领导者中，杨秀清是最憎恨瘾君子的，不像其他人，觉得这种事情没什么大不了。后来，韦昌辉审理张炳垣的案子，很快就查出了实情，张炳垣在内心深处是非常痛恨太平天国的，虽然承认了通敌罪，但诬陷了几十名太平天国的将领，说他们跟着自己一起干的这事，韦昌辉也是不分青红皂白将这些人全部处死。

张炳垣最后也难逃一死，在刑场上他说出了实情，当面嘲讽杨秀清、韦昌辉，让这些人无地自容。

冯云山还写了三篇讨伐清朝的檄文，文采虽然比不上骆宾王，但激烈程度绝对首屈一指，看了这些檄文，当时的民众无一不对清朝产生愤怒。

这些檄文虽然谈不上有什么文学价值，但确实打响了与清廷的舆论战。

这次永安建制还做出了非常重要的改革，确立了明确的赏罚制度，杀了多少敌人就可以升多大的官，都有明文规定。这就是为什么忠王李秀成说东王在世时赏罚分明了，因为李秀成以前也是个普通士兵，后来成为指挥十万大军的统帅。陈玉成更是如此，二十出头就成了统帅，没有杨秀清他们都不可能升得这么快，所以他们对杨秀清有所怀念也是可以理解的。

永安对于太平天国是非常重要的，如果说革命的第一个大站是金田的话，那么永安就是第二个大站了。正是在永安，太平天国完成了制度性的建设，为后来的战争奠定了基础。

第二章　通往南京之路

蓑衣渡一战之后，太平军内部人心不稳，就连领导层也不例外，洪秀全一度绝望到要解散太平天国。杨秀清站出来安慰他："大哥，胜败乃兵家常事，越是挫折越是考验一个人的时候，大哥一定要挺住啊！"

永安大战

太平军占领永安后，清军坐立难安，既不能坐视不管，又不敢去攻城。怎么办？他们想出了一个好办法：下毒。

在武侠小说中，我们经常看到一些下毒专家，这些人下毒手法极为高明，毒药的毒性也非常剧烈。但是真实历史却不是这样的，当时工业不发达，所谓的毒药仅仅取自草药。清军用的是一种名叫烂肠草的药草，这药草里面含有大量的笑气即一氧化二氮。

赛尚阿和姚莹心想，如果洪秀全和杨秀清中了毒，就会狂笑而死。他们派人从药草中提炼出毒水，让人洒在城里，妄想毒死洪秀全和杨秀清。

下毒毒死几个士兵还行，要想毒死洪秀全和杨秀清简直是做白日梦。姚莹和乌兰泰又想出了一个鬼点子，乌兰泰是个火器专家，擅长鼓捣火药之类的玩意儿，他做了个信匣子，在里面放上火药，然后在匣子上面写道："洪秀全和杨秀清同拆。"摆明了想一起炸死两位领导人，乌兰泰得意地说："只要洪秀全和杨秀清一起打开这个匣子，里面就会立刻爆炸，洪杨两人必定命丧当场。"

结果怎么样呢？至少洪秀全和杨秀清都安然无恙，也不知道有没有炸死人。反正乌兰泰为了面子执意说炸死了两个小兵。清军的计谋一个接一个地破产，姚莹仍然不死心，他始终认为如果一劳永逸地解决了洪秀全和杨秀清，太平天国自然破产，那就用不着艰难剿匪。这种思想用我们现在的话说就是投机取巧。

姚莹想到了诈降计，他派了几十个细作假装投诚，然后找机会刺杀洪秀全。遗憾的是，这些人全都没有见到洪秀全，这些人想找到洪秀全睡觉的地方，结果没找到不说，反而全部被抓住，处以极刑。

在战争中，这些动作都属于华而不实的功夫，要想靠这些华而不实的功夫取得成功是非常困难的。就这么耗着，那是浪费军饷，赛尚阿心里也焦急，那边刑部还在给他议罪呢！

在粮草方面，太平军并不担心，因为有杨秀清在，他严格约束士兵不准抢百姓的粮食。那杨秀清通过什么手段获得粮草呢？杨秀清其实用的还是老一套，劫富济贫，从富户那里获得大量的粮食，分出一小部分给贫民，其余充作军粮。

两军在永安相持了半年，清军耗费军饷七百万两银子，赛尚阿压力非常大。到了这个地步，他跟清朝其他的官员已经没什么两样，能敷衍就敷衍，为了糊弄咸丰，他甚至说太平军在城周围都布下了铁钉、梅花桩和马刺，所以根本就不可能进攻。咸丰也不傻，他反问赛尚阿，既然我军不能进攻，那为什么敌军出入自如呢？

赛尚阿继续找借口，我们就不用管了，看看战局究竟因何发生逆转。

迫于压力，赛尚阿只好让丁守存去请向荣复出，上次也是赛尚阿请求解除向荣的职务。这向荣一出面，局面确实有所缓解。

在清军中，向荣是唯一一个职业军人，而且是一个非常优秀的职业军人，向荣之所以遭遇惨败，主要责任不在于自己，而在于那些跟他合作的人。

好了，华而不实先搁下，一场真正的大战开始了。

向荣率领一万人攻城，战况之激烈我们就不用说了，太平军感觉十分棘手，这家伙太猛了。太平军虽然击退了清军的进攻，但伤亡很重。不久，清军又从桂林运来两千斤大炮，这对向荣来说简直是如虎添翼。

清军猛烈的炮火打得太平军头顶冒烟，不得已，太平军只好在城上悬挂渔网，然后洒上水，以此抵挡炮火，可惜根本不管用。向荣三次进攻都重创太平军，事实上，双方的伤亡都非常大。但太平军底子薄，很快就要消耗完，而清军的援军却源源不断地往永安运。

永安一战，太平天国事实上已经到了生死存亡的关键时刻。刚入城时的四万太平军只剩下一万人，其中真正能作战的不到四千。

永安城已经被清军围得密不透风，太平军眼看就要山穷水尽，究竟又是如何起死回生的?

说来，还是老问题，向荣、乌兰泰、江忠源这三人又闹起了矛盾。向荣打仗很厉害，但性格也非常固执，他看不惯乌兰泰，凡是乌兰泰的观点他都要反对，哪怕是正确的战术。江忠源在中间调解，结果两面不讨好，一气之下称病回家了。

清军将领内斗给了太平军喘息的机会，恰在这时，老天又送来了及时雨。贵县有几千个矿工，听说洪秀全闹革命，都想跟着洪秀全，没想到他们动作慢了，赶到金田时，洪秀全已经离开。后来，听说洪秀全在永安，这几千人又匆匆赶到永安来投奔。矿工都是精壮的汉子，他们的加入立即壮大了衰微的军势。

正是在这些矿工的接应下，太平军在暴雨中突围，终于抓住了一线生机。

太平军离开后，永安变成了一座空城。赛尚阿上奏说，永安的百姓被太平军杀光了。这是个非常无耻的谎言。事实上，大多数百姓都加入了太平军，还有一部分被清军杀良冒功了。

向荣率军追击。萧朝贵负责殿后，与向荣展开厮杀。双方在峡谷里大战，这一战太平军伤亡惨重，根据李秀成的回忆，死了大概有两千人，萧朝贵带着几十个亲兵逃脱，杨秀清得知消息，非常愤怒，亲自带兵埋伏好，准备袭击清军。

乌兰泰带领万人想将太平军追杀干净，进入峡谷以后，天降暴雨。太平军伏兵四起，清军慌乱想逃脱，结果自相践踏，死伤枕藉。虽然向荣前来援救，救出了乌兰泰等人，但清军死伤太多了。这一战，清军损失惨重，多名高级将领阵亡，咸丰一怒之下将赛尚阿连降四级。

天德王洪大全之谜

清军在追击太平军的过程中，俘获了一个神秘人物。为什么说这个人神秘呢？

此人面相不凡，身材魁梧，外表华丽，言谈不俗，一看就知道不是个一般人物。清军抓到这个人非常兴奋，以为是太平天国的二号人物杨秀清。经过审问才知，这个人并不是杨秀清，但这个人自诩比杨秀清还牛气。

比杨秀清还牛气的人莫非就是洪秀全了？此人说：“杨秀清在我面前还得称臣呢！我也不是洪秀全，洪秀全是我结拜的弟弟，我是天德王洪大全。我这个人比较豪气，喜欢饮酒交朋友。”

听说抓住了这么一个重量级的人物，赛尚阿当然也很兴奋。劳师动众这么久，总算拿到了干货。赛尚阿对洪大全相当客气，不能不客气啊，这是自己的本钱啊，每天好酒好肉地招待，就怕这个“客人”一不小心暴毙了。

这个洪大全究竟是什么来头呢？

刚开始的时候，洪大全自称是湖南兴宁人，地主出身，曾经参加科举。跟洪秀全一样，他也屡试不第，时间一长，肚子里的怨气就越来越多。而且，洪大全跟洪秀全一样，也是相当自命不凡的人，他觉得自己这么有才，清廷居然不用自己，简直瞎了眼。时间一长，洪大全也走上了反清的路，不过他走的路跟洪秀全不太一样，洪秀全是白手起家，他是经人引荐加入了天地会。

洪大全说郴州天地会大哥许佐昌很重视自己，还把女儿许配给自己。

这个洪大全明显是个很能忽悠的主，那么他的真实身份究竟是什么呢？

历史学家们对洪大全的身份和地位存在不同的观点：

观点一：著名历史学家萧一山认为太平天国事实上分两头政治，一头是洪秀全，一头是洪大全，两人同是万岁。萧一山之所以得出这个结论是依据赛尚阿当时伪造的“功绩”，让手下加工的《天德王洪大全供状》，该供状把洪大全描述为一个手下拥有强大武装力量并与洪秀全联合造反的“一字并肩王”，换句话说，萧一山得出结论的真实性是存疑的。萧一山认为，洪大全是天地会的首领，刚开始的时候，拜上帝会和天地会合作比较好，但后来因为教旨冲突，大量的天地会会众脱离太平军。洪大全被捕后，太平天国和天地会的合作正式破产。

观点二：史学家荣孟源也是从洪大全的供状中得出结论的，拜上帝会领袖洪秀全和天地会领袖洪大全共同尊奉一个天德皇帝为领袖。虽然洪秀全和洪大全的关系在名义上平等，但实权掌握在洪秀全手中，所以洪大全的地位事实上不仅比不上洪秀全，也比不上杨秀清、萧朝贵这些人。洪大全被捕后，拜上帝会排斥天地会，天地会失去依靠后被清军逐个击破。

观点三：著名的太平天国研究专家罗尔纲认为洪大全这个人确实是存在的，但他并不是什么天地会领袖，更不可能跟洪秀全平起平坐，他只不过是郴州天地会的一个堂主。赛尚阿弹压失败后担心咸丰怪罪，故意捏造了这么一个“天德王”，以隐瞒自己的过失。

到底哪一种观点更接近真相呢？我们不妨来辨析一下。

洪大全被抓后，口述了三份供状。第一份供状是由钦差大臣赛尚阿在永安记录下来的，第二份是在河南信阳时洪大全供认的，第三份是在京城录的口供。有意思的是，随着地点和时间的推移，这三份供状内容也经常发生变动。

在第一份供状中，洪大全说自己是湖南衡山县人，考试落榜后自感屈才，于是饱读兵书，欲图大事。几年前，在广东花县遇见了洪秀全和冯云山，引为知己。后来洪秀全在广西起事，把洪大全接了过去，尊为天德王，用兵之道全都请教洪大全。

到了河南信阳后，洪大全又说自己出生在岭南，长在湖南，还说自己是洪秀全花了三百两黄金聘请过去的军师。洪大全还说，自己本来是不想投靠洪秀全的，原本打算投靠两江总督李星沅，没想到李星沅不但不赏识自己，反而辱骂自己，这极大地挫伤了他的自尊。洪大全说，他当时连自杀的想法都有了。结果被太平军的将领胡以晃救了，这才进入太平天国，洪大全认为自己的智谋比诸葛亮还高，所以取了赛诸葛的外号，还封自己为天德王。洪大全反复强调自己是个军事和谋略的奇才，有很多良策可以剿灭太平军，希望咸丰能够赏识。

咸丰也看出了洪大全这人的供词一直在变，他便问大臣们，这洪大全到底是个什么样的人。给事中陈坛说："洪大全这个人我们以前根本没听说过，估计是个不入流的角色。一定是前方将士担心战败被罚故意拉出这么个人冒充天德王，皇上只需将这个人就地正法就行了，以此整治前方将士徇私舞弊的作风。"

咸丰觉得陈坛说得有道理，但出于谨慎考虑，他还是没有把这个人就地正法，而是让他们押到京城。

刑部官员审问时，洪大全的供词又完全变了，他说自己是广东人，出生于广东南海县，小时候跟着叔叔洪云秀到湖南衡阳读书，咸丰元年到广东游荡时碰到了洪秀全的将领胡以晃。在胡以晃的引荐下，他结识了洪秀全。洪秀全后来赏识自己的才华，封自己为天德王，地位几乎跟洪秀全平起平坐。

总之，审问来审问去，大家就是搞不清楚洪大全哪句话是真的，哪句话是假的。咸丰和大臣们都没办法，只好按照大清律例将洪大全凌迟处死。

很显然，洪大全在审问中说谎了，现在最关键的是他究竟是自愿撒谎，还是被迫撒谎？

学者们在追查这个历史悬案时发现，在永安突围之中，清军将领的奏报中根本没有洪大全这个人。如果洪大全真像他自己说的那样是太平天国的高层人物，那么之前的奏报中当然会提到他，但是查遍所有资料，在永安突围之前，根本就没有洪大全这个人。

所以学者们有理由怀疑洪大全这个人是赛尚阿一手捏造出来的“俘虏明星”，目的昭然，都不用解释，无非是向咸丰邀功，我平叛虽然失败了，但抓住了太平天国的二号人物，至少可以将功折罪吧！

至于人们说洪秀全跟天地会合作，我们来看看洪秀全自己的态度吧，洪秀全曾公开表达对天地会的看法：“我洪秀全虽然没有加入天地会，但对天地会还是多少了解一些的，我也听说过天地会的宗旨是反清复明的。大家看看吧，自从康熙死了，这不都过去了快两百年吗？反清是对的，但复明怎么可能呢？天地会这帮人有几种恶习是我无法忍受的，例如，新入会的人必须崇拜那些牛鬼蛇神，还要歃血为盟，搞得就跟邪门歪道一样。而且我还听说天地会这帮人拿着刀逼会员们交钱，这跟我们信仰上帝、人人平等完全是两码事。”

洪大全临死之前，作了一曲慷慨激昂的《西江月》：

寄身虎口运筹工，恨贼徒不识英雄。漫将金锁绾飞鸿，几时生羽翼，万里御长风。

一事无成人渐老，壮怀待要问天公。六韬三略总成空，哥哥行不得，泪洒杜鹃红。

就诗词水平来说，洪大全这个人比洪秀全还是强的，不过命不好，也只能壮怀问天公了。

蓑衣渡大劫

永安突围之后，太平军四处流窜，一时没有明确目标。

在运动战中，太平军多次击败清军，最后，杨秀清决定攻打桂林。桂林比永安更大、更坚固，守军也更多。如何拿下桂林，这是摆在太平天国决策层面前的一个很大的难题，大家普遍认为强攻是万万不行的。

为什么不行呢？我们来看看吧，桂林城有一千三百四十个垛口，这里解释一下垛口，看过长城的朋友都知道，长城上端筑成凹凸的形状，凹处就是垛口。垛口既可以用来瞭望，也可以用来射击。桂林城有十座城楼，二十二座炮台，城周长十二里。

上次攻永安，罗大纲功劳最大。这次大家自然指望他能再想出一条妙计，罗大纲熟读《三国演义》，忽然想起诸葛亮智取南郡的故事。罗大纲决定带着几百个兄弟，假装成向荣的军队，只需找个跟向荣长得像的人冒充就行。罗大纲等人来到城楼前，说是向荣的军队来了，请城里的人开门。

听说向荣的军队到了，早已到了城里的真向荣非常好奇，亲自来到城楼上。真向荣嘲讽地对下面说："你好啊，向荣！"

罗大纲狼狈不堪，灰头土脸地跑了回去。随后，太平军派奸细入城，向荣早已做好了防备，加强戒备，搜捕出来十多名奸细。

技穷，太平军只好强攻，强攻的下场很惨，所有攻城士兵都被歼灭。攻城讨不到好处，太平军只好撤退几里，形成相持的局面。就在这时，乌兰泰的援兵赶到桂林。杨秀清正好怒火满腔，直接围住乌兰泰，将乌兰泰打得大败，乌兰泰逃跑时被一炮轰死。火器专家死于火器，也算是死得其所。

随后，清军各路援兵纷纷来到桂林，城内守军配合援军出城袭击敌人。两军交战二十四次，清军失败得多，赢得少。太平军虽然攻城不下，但野战激发起了战斗的信心。不过太平军用尽办法也不能攻下桂林城，最后只好放弃这根难啃的骨头，这时已经是咸丰二年（1852 年）四月了。

四月十五日，太平军抵达全州。太平军无意攻打全州，只想快点过去，全州官兵也不阻拦他们，双方心照不宣似的。太平军的人马就在全州官兵的眼皮底下过去，没想到队伍的后面有一顶黄轿子。一个炮兵看到，知道是太平天国的重要人物，如果轰死这个人就发达了，炮兵忍耐不住，一炮轰过去打中了目标，将轿中人轰得半死不活。这个人是谁呢？他就是太平天国的萧何冯云山。

这个炮兵惹下大祸了。已经走过去的太平军纷纷掉转回头，以满腔的愤恨拿下全州城，将全州官兵杀得一干二净。

太平军意外得到全州城，好整以暇，就在这里休息几天吧！在全州期间，许多天地会会众前来投顺，杨秀清还命人打造两百艘船，准备渡江作战用。

全州只是一个小城，战略意义不大。太平天国的真正目标是长沙，在进入湖南境内之前，必须经过一个叫蓑衣渡的地方。这是一个非常险要的水域地带，大树参天，处处是荆棘和灌木，东面是高山，西面是沙滩。所以这里历来是兵家必争之地，在这里布下伏兵最容易全歼敌人。

只要能越过蓑衣渡，太平军就能在最短的时间内进入湖南境内。但太平军能这么幸运吗？要知道团练鼻祖江忠源就是湖南人，此人是个兵家好手，能不知道扼住蓑衣渡吗？

果然，江忠源看太平军想涌进自己的家乡，立即到处活动。可惜，其他人不把江忠源当回事，眼看无人理自己，江忠源只好自己训练乡勇。经过训练，江忠源手中已经有一千乡勇。他带着乡勇来到蓑衣渡，二话不说，大家抄起斧头，把一些大树砍倒，扔进水里。

江忠源将一些大树钉在河底，再把树干树枝扔进水里，阻断水流。不过，江忠源兵太少了，能不能拦住太平军他也毫无把握。他几次请求其他将领调兵支援自己，这些人都跟他打太极，谁也不想断送手中的那点家底。

冯云山事先也派人去查探地形，发现蓑衣渡这地方非常险要，很容易设伏兵，便对洪秀全提出建议："接近蓑衣渡的时候，让步兵下船在岸上先行，其余部队、辎重和家属在船里跟着步兵，这样保险一些。"

洪秀全听了，很不爽："你这个人就是谨小慎微，清兵要是知道在这种山旮旯里埋伏兵，我们还能活到现在吗？让步兵下船，那得等到什么时候到长沙啊！还是让水手们赶快划船吧！"

洪秀全就这么驳回了冯云山的建议，没想到他驳回的不仅是冯云山的建议，也是冯云山的生命。

冯云山本已受伤，太平军的船到了蓑衣渡后，被树木所阻，刚明白是怎么回事，江忠源的大炮就轰了过来。正是在这场战斗中，冯云山阵亡。江忠源打得热火朝天，原本以为其他部队很快就会过来增援，没想到打了两天两夜，也没见到一个援兵的影子。由于江忠源兵力少，还是让洪秀全、杨秀清等人突围而逃。这一战，太平军许多粮草和辎重都被江忠源缴获。

蓑衣渡一战是决定历史的战争，如果没有江忠源在这里痛击太平军，太平军势必顺利进入湖南，要知道当时长沙的防守空虚，以清军的办事效率，要想让他们赶在长沙陷落之前过来支援是不太现实的。

长沙一旦落入太平天国的手中，湖南很快就会成为太平天国的地盘，到时候曾国藩拿什么拯救他的湖南，别说招募乡勇了，只怕连曾国藩也会成为洪秀全的阶下囚。

不少历史学家认为蓑衣渡之战就是太平天国败亡的起点，为什么这么说呢？

首先，蓑衣渡之战，南王冯云山阵亡。冯云山对于太平天国是非常重要的，有点像丞相的角色，把冯云山比作太平天国里的萧何并不过分，他是这群草莽里难得的一个政治家。冯云山死了以后，太平天国的政治格调下降了不止一个档次。而且，冯云山是一个协调者，正是他肯定了杨秀清的功绩，把杨秀清安排在二把手的位置上，也只有他能调和杨秀清与洪秀全之间的矛盾。如果冯云山不死，天京事变或许不会发生。

其次，战略目的没有达到，没有攻取长沙会产生一系列的连锁反应，太平军士气受到沉重打击，战略要地没能拿到，失去了一个稳固的根据地。而且，正是因为江忠源成功地击败了太平军，激发了曾国藩的勇气和信心，让他意识到乡勇的战斗力比正规军还强。

血染长沙

蓑衣渡一战之后，太平军内部人心不稳，就连领导层也不例外，洪秀全一度绝望到要解散太平天国。杨秀清站出来安慰他："大哥，胜败乃兵家常事，越是挫折越是考验一个人的时候，大哥一定要挺住啊！"

在杨秀清的辛苦经营之下，太平天国总算有了起死回生的气象，大家在湖南又补充了一些兵员。湖南对太平军来说是一个陌生的地方，到了道州时，洪秀全又开始烦躁了："这哪里是个尽头，还是回广西吧！至少那里我们熟悉啊！"

杨秀清当然不能同意这个建议，当时之所以离开广西就是因为在广西很难打开局面，必须寻求一片更广阔的天空。杨秀清跟洪秀全解释，要有大胸怀，就应该占据南京，将南京作为天国的都城，这样进可攻退可守，时机一到就可以问鼎天下。

在向湖南行进的途中，大量的天地会成员前来投靠太平军，太平军的势力迅速扩张，到了郴州时已经有十万人，能够作战的有五万人。不久，杨秀清侦知长沙的守军不过两千人，便下令攻打长沙。

萧朝贵为先锋，率领四千精兵直扑长沙。长沙守军听说太平军要来进攻，赶紧临时修整城墙。

说实话，长沙百姓不相信真会有战火，太平了这么多年，怎么可能说打仗就打仗呢？有人跑到大街上说“长毛”要进城了，大家都不相信，还把这个人毒打一顿，送上衙门，告他散布谣言。

这时候，官府从陕西那里调过来一千援兵，这些援兵企图在萧朝贵攻打长沙前进入长沙城，没想到跟萧朝贵正好遇上。这一千人被萧朝贵歼灭，只有少数几个人逃了出去，他们满身血污地跑到长沙，这时官府才不得不相信。于是，立即关闭城门，积极备战。但是，老百姓仍然不相信战火会烧到长沙。

没多久，萧朝贵的军队就到达了长沙城南，在这里设下了大营。萧朝贵虽然是太平军，但品味却很贵族化，喜欢穿非常华丽的衣服。长沙城有一个姓杨的迂腐儒生，看到萧朝贵穿着光鲜，以为是钦差大臣来了。杨生心想，这可是一个扬名立万的好机会，他跑到萧朝贵跟前，向他展示自己的才华，提出种种剿灭太平军、振兴国家的建议。萧朝贵这人也比较有意思，他装作很欣赏的样子，不时还夸奖杨生几句。

杨生以为这下真的发达了，忽然进来一个人，问萧朝贵杨生是何人。萧朝贵说：“这是一个非常博学的人，他在向我献策，如何剿灭我们太平天国。”

杨生一听，立刻灰溜溜地逃走了。

长沙城实在太大了，萧朝贵站在城下有些茫然，应该从哪里攻起呢？他左思右想，不知道该怎么办，总不至于到了这里什么也不干吧！萧朝贵下令就地放炮，炮弹虽然打中了城墙，但是没有伤到一个人。萧朝贵终于发现在东南角有一个最高的城楼叫天心阁，萧朝贵心想，这肯定就是城门，往这里轰吧！

长沙城其他地方没有大炮，偏偏这个天心阁里有两尊大炮。你开炮我也开炮，城上的人看到下面有一个人衣服穿得特别鲜艳，目标太明显了，就轰这个人吧！这炮弹一来，萧朝贵一命呜呼，他万万没有想到漂亮衣服也会要了自己的命。

就这样，太平天国的又一个领导人被打死。

萧朝贵一死，他手下的先锋曾水源极为悲愤，发疯般地攻城。那边江忠源听说长沙危急，立即赶了过来。江忠源来了以后，发现长沙城防御太糟糕了，于是亲自指挥防御。没多久，就接到一个消息，新任的湖南巡抚正从云南赶往湖南，湖南总算有最高领导了。贵州知府胡林翼和将军向荣也正日夜兼程地赶往湖南。

曾水源拼了命想攻下天心阁，江忠源跑到这里一看，说："如果让长毛攻下天心阁，长沙就保不住了。"

杨秀清得知萧朝贵战死的消息也非常悲愤，他和洪秀全正一起率领大军逼向长沙。与此同时，清军将领和春与张国梁也赶了过来。太平军的先头部队还没到长沙，就在永兴城外遭到张国梁的袭击，损失了不少人手。杨秀清的目标直指长沙，太急切了往往会给敌人留下许多漏洞。

杨秀清不顾张国梁的骚扰，径直带兵攻向长沙。张国梁不断在后面偷袭太平军的后续部队，斩获颇丰。

杨秀清犯了一个错误，我们不知道他是故意的还是无意的。在萧朝贵出发一个月后，也就是萧朝贵死的时候他才发兵，错失了攻下长沙的最好机会。有人推测杨秀清对萧朝贵不满，洪秀全作为最高领导者，故意让萧朝贵来限制杨秀清，所以杨秀清才迟迟不发兵。

这时候发兵显然已经有些晚了，在长沙城会聚着向荣、和春、张国梁、江忠源、骆秉章等人，后来还来了左宗棠和郭嵩焘，黑马们全都来了，而且兵力有三万多人。杨秀清怎么打啊？估计是怎么打怎么输，除非这些人老毛病又犯了，互相扯皮，互相争执，还没开战先搞内讧。

杨秀清终于被张国梁搞烦了，只好回头先收拾张国梁。让杨秀清意外的是，张国梁真不是好惹的，他不但没收拾了张国梁，反而被张国梁收拾了。杨秀清还是用老办法，设埋伏，在攸县丹陵桥附近设下埋伏。张国梁的参将文岱来到丹陵桥，一眼就看出这里有埋伏，可想而知太平军埋伏工作之粗糙。

文岱决定将计就计，在松林里埋伏了两千精兵，自己带着几百人走向丹陵桥，佯装中计。太平军冲出来追杀，文岱又假装撤退，太平军不疑有诈，一直追到松林里。这时，清军伏兵齐出，此时，太平军终于见识到张国梁的厉害了。张国梁的部队善用火器，火枪噼里啪啦地射向太平军，太平军几百人阵亡。无奈之下，这支太平军只好退到谭家村。

张国梁真狠，别人撤退了，还不放过。他又让人掘开河堤，淹了谭家村，结果不光是太平军，就连谭家村的百姓也无一生还。

咸丰二年（1852 年）七月初七，太平军的一支五千人部队终于和曾水源会师。曾水源这下遇到水源，活了，率领大军发动突然袭击，歼灭了蔡公墓一带秦定三的部队。江忠源赶过来支援秦定三，结果被杀下马，他的兄弟们拼死才救回他。江忠源是个硬骨头的汉子，虽然大腿中枪血流如注，仍然坐在轿子里指挥战斗，硬是把曾水源杀了回去，保住了蔡公墓。

七月十四日，洪秀全和杨秀清终于到达长沙。洪秀全在城楼下，骆秉章在楼上，都是广东花县人，老乡见老乡，并没有泪汪汪，只是沉默，一种阴郁的沉默。也许骆秉章心想，好你个洪秀全，你做什么不好，偏偏要去做贼，看老夫今天就替家乡父老收拾你这个逆贼。洪秀全心想，骆秉章啊骆秉章，你竟然充当清廷的走狗，真丢我们广东人的脸，今天我就要替天行道，让大家看看做走狗的下场。

史载这次围攻长沙的太平军有十万人，但根据李秀成的说法，只有五六万人。其实，这次太平军只是号称十万人，真正的人数不过五六万人，而能够作战的也就一两万人。清军的实际数目可能在三万人左右，加上乡勇，不会超过五万人。

长沙会战是太平天国历史上三大最惊心动魄的战争之一，另外两场战争分别是曾国荃在安庆大战陈玉成、左宗棠在宝庆血战石达开。

太平天国高层对这次战役也给予了高度的重视，杨秀清、石达开、韦昌辉等人共同研究，决定先派几千人挖地道。当时，长沙的清军只有两万人，还有两万人滞留在郴州，一时间过不来。所以，杨秀清和韦昌辉的任务就是把长沙城围起来，慢慢吃掉。石达开负责渡过湘江，打通粮道，同时击毙一切支援的清军。

这个战术还是非常严密的，关键就看实战效果怎么样。

九月初一，太平军七千人扑向浏阳门校场和江忠源大营。江忠源已猜到杨秀清的打算，提前给城内的向荣发了求援信。向荣挑选出两百个最勇猛强干的士兵前去支援。江忠源习惯用腰斩战术，固营坚守，吸引太平军的主力，然后让秦定三率领乡勇从后面将太平军拦腰切断。

杨秀清也不是省油的灯，他习惯用螃蟹战术，中间虚空，两翼的势力很强，就好像是两根巨大的蟹棒。秦定三企图拦腰切断对方，首先遇到的是两翼军队。面对两翼强大的军力，秦定三的部队一下子就崩溃了。

这时候，和春赶过来支援，和春、江忠源和秦定三三路兵马同时跟进，太平军招架不住，败退到陈家陇。江忠源奉行痛打落水狗的政策，一路追到陈家陇，没想到杨秀清在这里设下了伏兵，这样一来，反而把江忠源给围住了。双方势均力敌，一直打到天黑，没有分出胜负，各自退去。

石达开那边情况比较好，他渡过湘江后，控制了大片的农田，当时正是收割的季节，粮草是没有问题了。杨秀清打算把战线移到西面，江忠源再次识破他的意图，请求向荣出兵渡江，但向荣一口回绝。石达开势如猛虎，在西面战场上所向披靡。向荣追悔莫及，但是仍然对江忠源非常厌烦。江忠源的计策明明是对的，但向荣偏偏不配合自己，于是非常恼怒，发誓永远不再和向荣合作。

石达开那边形势一片大好，但杨秀清这边却连吃败仗。清军最终接受了江忠源的建议，派兵去支援西岸，石达开的势头这才被遏制住。随后，赛尚阿亲自指挥对石达开的战争，历尽千辛万苦终于击败了石达开。

清军将领朱启仁非常凶悍，他一路追到石达开的大本营，想赶尽杀绝，贪心往往要吃大亏。朱启仁非但没能灭掉石达开，反而全军覆没。石达开这人打仗喜欢玩技巧，尽量避免跟人正面对碰，向荣呢，喜欢硬战血战。向荣把石达开逼到橘子洲，硬是逼着石达开跟自己正面对战，石达开被逼无奈，只好跟向荣正面开打。没想到这一打，居然打得向荣全军覆没，向荣带着几十名亲兵仓皇逃走，又出了一次大丑。

就这样，石达开在河西站稳了脚跟。

在整个长沙会战的过程中，最郁闷的人莫过于江忠源。

后来，徐广缙代替赛尚阿成为钦差大臣，江忠源又向他献策，结果徐广缙也不比赛尚阿好多少，也不怎么搭理江忠源。江忠源又是老样子，甩手不干了。

这边杨秀清围攻长沙城八十多天，没什么进展，也准备放弃了。石达开负责接应，居然让太平军成功逃走。结果，太平军就在和春的眼皮底下平安撤退。这是非常荒谬的一件事情，太平军撤退的时候是最好的进攻时机。和春这么淡定，难免有人怀疑他有问题。有人指责和春收了太平军的贿赂，和春却相当不屑地说："这些贼又不怕我，怎么可能会贿赂我呢？"

这事不了了之，就算和春真的接受了贿赂，别人也很难找到证据。太平军离开长沙后，很快就攻下了宁乡和益阳，不久，太平军又出兵洞庭，拿下岳阳。到了岳阳时，太平军的队伍更加庞大了，在岳阳的时候，太平军还建立起一支水军。

左宗棠这个人

在长沙会战中我们提到左宗棠这个人，不过这时左宗棠还没有崭露头角。左宗棠被誉为清朝的中兴名臣，跟曾国藩齐名，说明此人的能量是相当大的。

左宗棠是湖南湘阴人，左宗棠的科举路也不太顺，这个人读书时有些不务正业，他喜欢看兵书，对于儒家的那一套不太感冒。

道光十二年（1832 年），左宗棠特别幸运，本来已经落第了，没想到道光心血来潮，让扩招，让主考官从落选的五千人中挑选六个人为举人。其中有一人就是左宗棠，左宗棠就这么阴错阳差地成了举人。也是老天有意要拯救清王朝，否则左宗棠准备卷铺盖回家务农呢！

左宗棠一辈子都没有考上进士，这个一点都不意外，他要考上倒是怪事了。如果没有太平天国运动，左宗棠这辈子可能也就是个小举人了。尽管左宗棠科举路不太顺，但他还是比较幸运，结识了不少有能力的人，这些人都欣赏左宗棠这个偏才。

譬如，道光朝炙手可热的大臣陶澍，跟左宗棠的关系就很不错。左宗棠还曾为陶澍写过对联，陶澍很满意，更满意的是左宗棠这个人见识非凡，一看就不是寻常人物。陶澍曾经夸奖左宗棠有王霸之才，预言这个人前途不可限量，甚至会超过自己。左宗棠当时不理解，自己只不过是个举人而已。

陶澍这个人很善于识人，他一眼就看中了左宗棠，居然以两江总督的身份为自己的儿子向左宗棠的女儿求婚。陶澍曾经向林则徐推荐左宗棠，说当今的大清没有人的才干能超过此人，陶澍也没想到这么一来无异于说林则徐的才能也比不上左宗棠。还好林则徐倒也不计较这些，亲自接见了左宗棠，这才知道陶澍的话原来字字是真。

林则徐视左宗棠为自己的接班人，可惜还没来得及重用左宗棠，林则徐就去世了。左宗棠必须靠自己去闯荡。

左宗棠投靠了湖南巡抚张亮基，成为他的幕僚。张亮基被罢免后，左宗棠一度回家种田。后来骆秉章当上湖南巡抚，也很器重左宗棠，亲自写聘书给他，请他过来高就，当师爷。人说良禽择木而栖，左宗棠自视甚高，瞧不起骆秉章，居然不理这个巡抚。

骆秉章为了让左宗棠过来，居然故意把左宗棠的女婿抓起来，没办法，左宗棠忍气吞声来到骆秉章府里，极不情愿地做他的师爷。

骆秉章是一个很儒雅的人，他知道左宗棠才高，左宗棠来了以后，一切事情都由左宗棠决断，还因此引来了不少嘲笑声。骆秉章经常对左宗棠说："你觉得行就行，你觉得不行就不行，不必问我。"

左宗棠这个人脾气是非常怪异的，骆秉章对他这么好，他还瞧不起骆秉章。很明显，若非骆秉章涵养好，这两人是根本没法相处的。骆秉章担任湖南巡抚期间，实际上一切事情都是由左宗棠决断的，有人因此嘲笑骆秉章是影子巡抚。殊不知，骆秉章是高人，左宗棠只不过是才人而已。除了左宗棠外，骆秉章还发现了刘蓉这样的人才，刘蓉后来也成为一代名臣。

左宗棠的才能确实非同凡响，但性格过于骄狂，他总是一副老子天下第一的派头。他觉得卫青、霍去病都难入他的法眼，连岳飞都比不上他，更不用说当今世上的这些人了。左宗棠生平只佩服一个人，还是个死人，这人便是诸葛亮。

不过到了晚年，左宗棠连诸葛亮都不放在眼里了，他经常说："古代的诸葛亮哪里比得上今天的诸葛亮。"

当时有不少人拍左宗棠的马屁，说大人你真是神机妙算再世诸葛啊，左宗棠毫不客气地说："此诸葛之所以为亮也。"接着，左宗棠又破口大骂，这世上自称诸葛亮的庸才太多了，连洪大全这种败类都敢自称诸葛亮。一旁的林寿图笑道："此诸葛亮之所以姓诸葛也。"左宗棠竟然因此对林寿图怀恨在心。

左宗棠这样的人，用现在的话说真是太嚣张了，什么曾国藩啊李鸿章啊，他全都看不起。他唯一看得上眼的还是曾国藩的九弟曾国荃，因为曾国荃的性格跟他有几分神似。左宗棠曾经问曾国荃："九哥一生最得意的事情是什么？"曾国荃笑道："杀人如麻，挥金如土。"左宗棠哈哈大笑："这就是你比乃兄曾国藩强的地方。"

左宗棠在官场中是一个异类，他行事率性、作风豪迈、言谈不羁、极有个性，我们会在以后的篇章中着重提他，因为左宗棠是晚清历史中举足轻重的一个人。

定都之争

太平天国历史专家罗尔纲总结太平天国两大军事失误：一是定都南京，二是分兵北伐。

就说这定都南京，现代人根据历史经验，总结出南京盛产偏安王朝，由此断定南京不适合定都。想当年，这朱洪武不也是在南京建都，然后建立全国统一政权吗？虽然他的下一任朱棣迁都到北京，但至少说明南京并不一定就是“克皇帝”的命。再说这分兵北伐，分兵北伐本身是没有错的，在古代打仗的时候经常是分成两路三路甚至四路的，分不分兵最关键的是根据当时的实际情况，要考虑各种因素，并不是简单的分兵不好，拧紧一个拳头就是好的。

早在进入湖南之前，杨秀清就提出了问鼎天下的大计：从湖南一路打到南京，再建都南京，然后图谋天下。洪秀全则提出了完全不同的看法，洪秀全认为应该在河南建都，河南毕竟是中原，这里自古就是王者之地，而且离北京更近一些，更适合北伐。

虽然洪秀全不学无术，经常失误，但后世很多人大多认为在定都这件事情上洪秀全是正确的。这个也是可以理解的，因为太平天国选择了杨秀清路线，最后却失败了，这不正好说明了定都南京是重大的战略失误吗？

为了加强说服力，这些人还举出了定都南京的几个弊端：一、南京自古就是个短命王朝的集散地，在这里定都，打不开局面，犹如蛟龙被困浅池；二、江南这个地方非常奢靡，金陵又是最繁华的一个地方，在这里定都太平天国急剧腐化；三、江南一带，民风不够彪悍，在这里招的兵打仗不够猛。

真是这样的吗？

先看第一个理由吧。第一个理由说白了就是南京风水不好，这是典型的推诿责任，怨天尤人。对历史有了解的人都知道，南京这个地方号称六朝古都十代王朝。东吴、东晋、宋、齐、梁、陈都在这里建都，但大家知道这些王朝都不是什么老字号。除此之外，南唐、明朝（初期）也都曾在这里建都，所以又号称十代繁华。

为什么到了近代，南京突然变成了"克皇帝"的命呢？说白了，还是我们后人总结的，发现在南京建都的都没好下场，只能风光一时。

假如说朱棣不迁都，整个明朝三百年的首都定在南京的话，人们肯定又是另外一个说法，说南京确实是帝都，确实有帝都的气象。所以，从风水上说太平天国定都南京是个失败完全没有科学依据。

至于说江南奢华容易腐化更是荒谬了。江南繁华是不争的事实，但繁华不等于腐化。一个人要腐化，他就是在任何地方还是一样腐化。要驳倒这个貌似有理的看法一点儿也不难，宋太祖赵匡胤以武开国，大宋开国之时宋军的战斗力是非常强的。宋太祖定都开封，算是民风彪悍之地吧，但后来宋朝的官兵们一样变得疲软。八旗子弟在关外的时候是非常彪悍的，入关之后一代不如一代，又怎么能把太平天国腐化的责任推到江南的繁华上面呢？还有李自成集团，也是进了北京后开始腐化堕落的。再看看反例，朱元璋定都南京后，也没见他的集团腐化啊！由此可见，腐不腐化看的不是在什么地方，而是什么人。

虽然我们驳倒了对于建都南京的指责，但并不能就因此而证明建都南京是一个很好的决策。我们还必须具体分析建都南京的利弊。

自古，都城都倾向于建在北方，这是因为中原四通八达，气象开阔，坐拥中原等于坐拥天下。但是进入近代，历史却悄悄地发生了变化，南方在经济、人口等方面都超过了北方，占有南方等于是占据天下粮仓。这也是朱元璋当年为什么要建都南京，当然，南京适合作为一个过渡性的都城，我们相信这也是杨秀清真实的意思。杨秀清并没有说在南京待一辈子，而是先在南京站稳脚跟，然后问鼎中原，这也是他北伐的原因。

所以说，建都南京、问鼎中原这个决策不但没错，而且是最好的一个路线。如果说太平天国打下了江山，统一了全国，还把都城建在南京，这就值得商榷了。

攻打武昌

太平军离开湖南时，已经是一个庞然大物了。队伍浩浩荡荡，船只有好几千艘，沿途的清兵没人敢去惹他们。

咸丰二年（1852 年）十一月初十，太平军的先锋部队已经抵达武昌金口县，知县周和祥胆子特别大，带着四百个乡勇前去阻击。我们佩服他勇气的同时也对他的结局表示惋惜，他和县丞、千总、典史等人全部阵亡，四百乡勇尽数被歼。

武昌告急，身在湖南的向荣、和春、秦定三等人当然是第一时间赶过去。清兵陆续赶到武昌，要守住这个很有战略意义的城市。太平军在攻克武昌之前，军纪还是非常不错的。

太平军将领黄玉昆率先在武昌龟山登陆，击败当地守军八百人，顺利地攻入府城，知府董振铎阵亡。不久，太平军攻克汉阳。此时，武昌暴露在太平军的炮火之下。武昌城内只有常大淳率领的三千人马，常大淳非常害怕，一害怕就胡乱指挥。很快，太平军就拔下了武昌外围的两个据点。

太平军将武昌团团包围，赶来支援的清兵无法入城，武昌因此变成一座孤城。如果说常大淳指挥才能不行的话还可以谅解，毕竟人的能力和特长很多是天生的，但常大淳却偏偏很愚蠢。武昌的百姓担心被太平军抓走，纷纷来到城墙外，恳请常大淳开城，帮助官兵守城。但常大淳却把炮火对准老百姓，当然，常大淳可能是担心这些百姓中有太平军的奸细。就算如此，不开城就行了，不至于用炮火轰啊！

这么一轰，把老百姓都轰到太平军那边去了。常大淳还担心太平军在城外的民房中挖地道，一把火把老百姓的房子全烧了，不少人被烧死。许多老百姓加入太平军，为太平军充当攻城向导。

此时，向荣的部队已经到了武昌城外，向荣有一万多人，军力不可小觑。他首先拿下太平军洪山的据点，接下来就比较为难了，武昌是一个孤城，外围据点全被太平军拔去，如何守城，如何进入武昌城呢？

张国梁也已经赶到，几次击败了太平军，不过他也很无奈，打赢了又怎样，太平军遮天蔽日，如果不能进入武昌城，这武昌城迟早要失守。城内的清军和城外的清军没法联系，不能里应外合，所谓的支援大打折扣。而且，这些赶来支援的清军自身就很危险，他们没有可以依靠的防守据点，很容易被击溃。

太平军果然开始了地道战，准备掘地三尺，攻入城内。城上的清军看到了，很是着急，主动请令沿着绳子下去，破坏地道，击杀掘地的太平军。奇怪的是，常大淳却严禁士兵下城，搞不懂常大淳为什么要下这个命令，可能他爱惜士卒，担心士兵安危——只能这样想了。

太平军就这么明目张胆地挖通了地道，挖地道不是为了从地道里面钻进城内，如果是这样的话，清军只要派几个士兵把守洞口就行了，伸出一个头就砍一刀。挖地道的目的是在洞里放炸药，直接炸毁城墙，然后攻入城内。城墙炸毁之后，洪秀全将武昌城一举拿下，常大淳自杀殉国。

进城之后，太平军制定了一项政策：“官兵不留，百姓不伤。”如何评价这个政策，百姓不伤是好的，但官兵不留就大错特错。太平军拒绝官兵们投降，这等于是在告诉清兵，以后你们拼死抵抗就是了，反正投降也是死。太平军又打开监狱，囚犯们纷纷加入太平军，一起对官兵进行报复性清算。

杀了一批官兵后，杨秀清突然站出来，制止了杀戮，颁布了一项新的命令："从此以后，官兵们可以投降，投降后不杀，只是八旗兵例外，八旗兵杀无赦。"

我们可以猜到，颁布官兵格杀勿论政策的一定是洪秀全，杨秀清跟洪秀全多番沟通之后，洪秀全才同意不杀投降的官兵，只对八旗兵例外。

太平军在武昌城待了一个多月，这一个多月他们做了不少的事情，首先是建立了一支水军。其次是招兵买马，将部队扩张到五十万人左右。

洪秀全一度想把武昌作为首都，武昌跟长沙一样，都是省会级别的大城市。如果确立武昌为都城的话，至少洪秀全本人用不着再迁徙奔走了，反清这么久，他极想安稳下来好好享受。可惜这个想法不太现实，武昌虽然攻破了，但城外的清兵还是相当强悍的。

向荣和张国梁都是能征善战的将领，他们重整士气后，联手袭击了太平军的营垒，斩获颇丰。如果不是韦昌辉及时赶来击退了他们，估计他们的气焰会更加嚣张。

洪秀全很担心这武昌城也住得不踏实，下令石达开出城拒敌。石达开于是在城外修建炮台和土墙，向荣等人来进攻的时候，被土墙阻隔，饱尝了石达开的炮火，没办法，只得后退。张国梁却绕到石达开的后方，歼灭了千名太平军，石达开出城，亲率部队迎击张国梁，双方势均力敌，打到天黑时各自撤走。

双方大大小小的战役打了不少，互有胜负。

拿下武昌城后，太平军高层又犯了农民起义军常犯的毛病：目光短浅，只看得到一亩三分地，看不到万里江山。他们想在一夜之间把武昌的老百姓全都变成兵，也不管别人愿不愿意，就实行男女分营制度。入我太平门，交上私房钱，不交钱的打。至于那些富户，处境就更糟，太平军直接冲进去，把有钱人的财产抢个干净。这是太平军的经济政策。

太平军的宣传工作做得要比经济工作好，他们的宣传是铺天盖地无孔不入的，天天让人给大家讲天国的大道理。

其中有一个人实在看不下去了，站出来高声反对太平天国的思想，说太平军的“讲师”摧毁儒家的传统道德。“讲师”非常愤怒，他一声令下，手下的人准备把这个人五马分尸。可惜人懂得五马分尸的道理，马不懂这个道理，闹了半天，还没分尸。没办法，这个“讲师”只好自己跳下来，几个人一起把这人砍成了五段。

大家千万不要误解太平军没有军纪，这时候他们的军纪还是非常严的，尤其是禁止奸淫妇女。

在武昌，太平军取得了很大的成就，也有很大的失误。疯狂扩军就是一个大错，扩军以后军费怎么办？粮草怎么办？如何在短期内将这些人都训练成精兵？全民皆兵之后，谁来负责生产活动？没有生产活动，哪来的钱粮？

如果洪秀全和杨秀清两人中有一个人有战略头脑，就不会这么做。扩军是必需的，但不能这样扩，应该选择精壮的男子参军，其他人等继续以前的职业。攻打南京之前，留下一部分军队和粮草镇守武昌，这样可以保证攻打南京时的粮草和兵源。

太平军进了南京城

咸丰三年（1853 年）正月初二，太平军启程了，这次他们的目的地是南京。

这次，他们也学乖了，再也不敢全军都坐在民用船里。作为天王，洪秀全坐在舒适的大船里。杨秀清、韦昌辉、石达开、秦日纲等人则率领水师拱卫，保证不会再被偷袭。当时，船分为两种，一种是民用船，一种是战船。杨秀清等人指挥的就是战船，战船有作战功能，不会被偷袭。

为了保险起见，林凤祥、胡以晃、李开芳等人还率领着步兵在岸上走，蓑衣渡的悲剧不会再重演了。可怜的是清军，没人敢惹这么一支庞大的队伍，沿途的清军都不超过一千人。

消息传到京城，咸丰气得差点翘辫子，立即将钦差大臣徐广缙逮捕入狱，提升向荣为钦差大臣，专门负责湖南和湖北的军务。咸丰还任命两江总督陆建瀛为钦差大臣，负责江苏和安徽的防守重任。此外，咸丰又任命了河南巡抚琦善为钦差大臣，驻守湖北和河南。

咸丰用钦差大臣的数目表明他很重视，也很生气，希望这些钦差大臣给点力。咸丰心想，只要你们人人给点力，帝国就无虞了。

向荣很想给力，他在九江集结重兵，准备在这里大干一场。在到达九江之前，太平军畅行无阻。钦差大臣陆建瀛整天神经紧张，收到向荣的消息后，赶紧下令全军撤到九江。在九江时，陆建瀛整天焦躁不安，要是向荣没能及时赶来怎么办啊？

陆建瀛下令全军必须日夜巡逻，切不可有丝毫疏忽，结果全军上下的神经都绷得紧紧的。有一天夜里，陆建瀛实在睡不着，半夜起来出去巡视，没想到巡夜的士兵居然把他当成贼，狠狠地揍了他一顿。这个钦差大臣当得太窝囊，陆建瀛还不能责怪那个士兵，反而夸奖他敬业。可想而知，当时清军压力之大。

陆建瀛后来实在受不了，心想，要是向荣没有及时赶到，我这老身子骨就要送给“长毛”了。九江这地方太危险了，陆建瀛越想越怕，撤到彭泽。到了彭泽后，他还是觉得很危险，居然连夜乘坐小船跑到南京，留着将领们守城。

巡抚张芾看钦差大臣跑了，心里也着慌。张芾素来怕死，干脆带着全军将士一起逃命。向荣果然没有如期到达九江，太平军来时，发现这里空空荡荡，大家一路引吭高歌经过九江，很快就到达军事重镇安庆。安庆总兵王鹏飞知道大势已去，自己如果抵抗，肯定是全军覆灭，干脆带着大家一路狂奔，狂奔没有目的地，离太平军越远越好。

安庆的战略位置非常重要，它有长江作为天险，是太平天国一个重要的屏障，如果能把安庆搞好，南京城的安全就能得到巩固。后来，曾国藩把安庆比作太平天国的七寸，不惜以巨大代价拿下安庆，最终撬翻太平天国。但太平天国的领导人却没有一个人意识到安庆的重要性，别说是洪秀全，就是脚踏实地的杨秀清也没看到这点，这件事充分说明了多读点书多长点见识是有好处的。

杨秀清到了安庆后，根本没想到好好经营这个战略要地，还是老一套，疯狂扩军，将钱财席卷一空。

太平军离开安庆后，部众已经扩大到七十万人了。

镇江、瓜州、扬州、南京全都暴露在太平军的刀锋之下。太平军一旦控制了镇江和瓜州，等于控制了南北漕运的咽喉，清廷危矣。没有南方粮草和银钱的供应，在曾国藩和左宗棠还没有脱颖而出的时候，要想击败太平军简直是不敢想象的事情。

咸丰也很焦急，于是提拔周天爵为安徽巡抚，负责在安徽剿匪。这个周天爵我们已经见识过了，他极有搞笑天赋，但搞笑是搞不垮敌人的。这次，周天爵又对咸丰说："太平军非常骁勇善战，要想打败他们是不可能的，只有一种办法。"

"什么办法？"咸丰问。

"下毒，"周天爵表情深沉地说，"皇上，您只要给我三十万斤的烂肠草，我保证让洪秀全和杨秀清不战自溃"。

咸丰还真相信了，立即下旨让两广总督叶名琛收集三十万斤的烂肠草。据说，石达开曾经让士兵们收集了几万斤烂肠草卖给叶名琛，再用这些钱买回了不少大炮火枪。

周天爵搞笑过头了，最后自己辞去军务，推说自己年纪大了。咸丰于是紧急召见军机大臣，问他们怎么办。经过一番商议和争吵，最后制定了一个战略：南京将军祥厚主持这次防守，江苏巡抚杨文定镇守镇江，漕运总督杨殿邦镇守瓜州，向荣带兵到南京救援，琦善带兵支援瓜州，江忠源和邓绍良带兵救援南京。

清廷高层的想法是在南京城下一举歼灭太平军的主力。但向荣和琦善却违背圣旨，迟迟不肯出兵。曾国荃后来评价说："先到先败，后到后败，同到同败，不到不败。"江南总共兵力才几万人，太平天国却有七十万人之众，能够作战的至少也有十万人。军机大臣们纸上谈兵不需任何代价，只不过浪费点口水，但前方将士却要因为这些口水而送命。自古就有将在外军令有所不受的说法，所以他们的做法也是可以理解的。

一月二十八日，李开芳的部队抵达南京城外，从武汉到南京只用了一个月的时间，一路上基本上没遇到像样的抵抗。

李开芳到了南京城外后，终于遇到了一次像样的抵抗。这支抵抗的力量并不是来自清军，而是一个叫张炳垣的读书人集结的几百乡勇。令人称奇的是，这帮乡勇连武器都没有，拿起扁担充当武器。还别说，他们打得有模有样，因为是巷战，太平军不熟悉地形，所以被他们打得晕头转向。

陆建瀛在城楼上看呆了，他不理解怎么会发生这种事情，几百个乡勇对付太平军上万人，怎么可能？这仗打得起来吗？

乡勇们一下子打出了自信，加入团练的越来越多，大家纷纷请求总督陆建瀛支援，贡献一些武器。陆建瀛本是个神经很容易紧张的人，他认为这帮乡勇是太平军的内奸，故意做做样子引诱自己开城。陆建瀛不但不给乡勇们武器，反而下令向乡勇们开炮，炸死了几百个乡勇。乡勇们彻底寒心了，纷纷逃走。

陆建瀛杀死乡勇后，还上报说击杀了大量的太平军。咸丰一听他立功了，奖励一番，陆建瀛把这些钱全部挪入自己的家中。

不久，林凤祥的精锐部队和李开芳会师，太平军意气风发，而城内的守军却心惊胆战，个个像缩头乌龟一样躲在城楼上。

太平军先不急着攻城，而是把大炮运到城下。李开芳大旗一挥，数十门大炮朝城楼轰去。城里许多建筑被轰塌，看这架势，陆建瀛又想逃命。儒生张炳垣这时候派上用场了，他建议陆建瀛，用牛皮泡水后包裹藤盾，再蒙上一层渔网，盖在城楼上就可以抵挡炮火。陆建瀛将信将疑，到了这节骨眼上，也只能死马当活马医了，权且当作一个偏方吧！

没想到这偏方真的很管用，陆建瀛此时心理上完全处于依赖状态，他觉得张炳垣这个人太神奇了。只要有他在，南京城定然固若金汤，这么一想，便不再作逃跑的打算。

别说张炳垣不是诸葛亮，就算他真是诸葛亮也不管用。各地援兵都没赶到，南京城已是一座孤城了。而且攻城的林凤祥是个有勇有谋之人，无论白昼黑夜，太平军的大炮持续不断地轰击着南京城，城内的守军无不心惊胆战。一到晚上，林凤祥就将士兵分成很多小队，假装要攻击，搞得清军人心惶惶，夜不能寐。

与此同时，南京城内部也不消停，城内的天地会教众也伺机搞破坏。到了这地步，陆建瀛已是草木皆兵，南京城已经没有不破的道理了。就算不会被攻破，陆建瀛也会精神崩溃。

杨秀清到了前线之后，下令在静海寺、天后宫等地方挖掘地道，准备实施爆破攻城的计划。张炳垣发现之后，建议陆建瀛在入城口修建地堡，在城中主干道两旁设置炮台，只要太平军挖地道就轰击。不知道为什么陆建瀛拒绝了他，想是这些天被吓坏了，不再相信张炳垣。

二月十日，一声巨响，狮子山上的那块城墙轰然倒塌，接着太平军又用大炮猛烈轰击缺口。狮子山那块的城墙全部倒塌，太平军蜂拥入城，陆建瀛正准备逃跑，不想在街上被逮了个正着，当场被杀。如果以为到这里战事就结束了，我们就大错了。清兵一哄而散，因为之前杨秀清颁布过命令，凡是投降的可以不杀，所以大家还是保命要紧。

但南京城内驻扎着一支八旗军队，八旗军队是没有得到特赦的，不论投降还是血战，都是个死。置之死地而后生，八旗兵和城里的乡勇联手，居然把攻入城内的太平军全部歼灭。

李开芳亲自率领大部队进城，才控制局面，将八旗兵击退到城中之城。南京城内有很多的小城，这些旗人拼了命也要跟太平军战斗到底。洪秀全这是在自找麻烦，如果改变一下政策，规定投降的人一概不追究，说不定这些八旗兵立即会缴械投降。

现在剩下的就是血战了，杨秀清亲自指挥攻城，连攻三次都没有攻下来，徒留下几千具尸体。杨秀清终归是杨秀清，他心想你们就这么点人，还能死扛到底啊，我先用车轮战把你们搞得精疲力竭再说。不少八旗兵在杨秀清的车轮战术下居然活活累死，看到八旗兵精疲力竭，杨秀清忽然下了一道命令：投降的旗人可以免死。

杨秀清这道命令一下，等于是给旗人们浇了一瓢冷水，斗志大减。目的达到了，杨秀清命令太平军全力攻城，终于拔掉最后的钉子。将军祥厚自杀殉国。

南京失守，清廷震惊。

第三章　决定存亡的北伐与西征

要搞清楚这次北伐绝不容易，这次北伐跟历史上的其他北伐不太一样，它奇怪的地方就在于北伐的兵力少得可怜，只有两万人。这就让人费解了，让两万人拿下京城，洪秀全和杨秀清虽然肚里墨水不多，但也不至于出此下策。其中必有隐情。

改造天京

南京之战，对清廷来说是一个巨大的噩耗，对太平天国来说，是一个天大的胜利。这些农民出身的起义领袖终于踏进南京这个繁华的大都市，他们的心情是无比激动的，对未来也是无比乐观的。

他们不会想到，南京最后居然也成为他们的葬身之地。

洪秀全进城之后，将南京城改名为天京。接着便对全城进行改造，还是老办法，所有的人都编为天国的子民，居民财产全部充公，天国面前人人平等。洪秀全一来，南京城内的商业全部废弛，对经济生活造成了极大的破坏。

整个南京城只有两种人，一种是兵，另一种是兵的家属。据说南京有六十万精兵，所谓精兵就是不包括老弱妇孺的青年壮丁，这是完全可能的，因为所有的精壮男丁都是兵。如果生产遭到破坏，兵再多又有什么用，生产跟不上，就会有很多人饿肚子，饿肚子的人多了，仗就没法打。

洪秀全杨秀清等人玩的还是杀鸡取卵的游戏，按照自己的主观愿望改造世界，而非根据客观现实因势利导改变世界。

许多工商业人士、从艺人士，甚至包括一些医生也被关进了监狱。但这种做法弊大于利，譬如杨秀清患上眼疾后，一时间居然找不到医生来治疗，韦昌辉悬赏一万两银子都没人上门。这一方面说明当时不少医生被投进监狱，另一方面也说明太平天国确实得罪了一大批人，尤其是那些有技术的、相对富裕的阶层。

洪秀全是一个非常热衷于享受的人，天王府自然要修建得富丽堂皇。天王府后来被湘军一把火烧了，否则我们今天还能一睹它的繁华，据说天王府的豪华程度超过了人们的想象，现在我们只能从记载中感受它的风采了。

天国的构架已经成型了，但洪秀全还不满意。考虑到太平天国中人们文化水平普遍偏低，洪秀全觉得读书还是要的，于是便开设了天国科举制度。也正因如此，太平天国在定都南京不久还是非常尊重读书人的。

大学问家顾观光的儿子顾深就落入了太平军的手中，后来顾深写了一本《虎穴生还记》，讲述了自己在太平天国的经历。根据顾深的记载，他刚被抓后，说自己是个手无缚鸡之力的文人，什么活都干不了。他原以为太平军会放过自己，没想到听说自己是文人后，他们反而硬把自己留下。太平军上下对顾深都非常尊敬，他的工作就是文字工作，逢年过节帮大家写写对联，太平军的领导要写文书，他就代笔，诸如此类。

顾深还颇为得意地写道，只要有文书来，总有人聚拢在他身边，毕恭毕敬地听他读信。顾深还引以为豪地写道，他们有不懂的地方，有不明白的道理，都会过来请教自己。

洪秀全很清楚，一个政权不能没有知识分子，但是知识分子深受儒家思想影响，对于自己的统治是不利的。怎么办呢？最好是留下他们的知识，再改掉他们的思想。可惜世上哪有这么美好的事情啊，最好的办法莫过于培养出太平天国自己的知识分子。

怎样培养出这种符合自己需要的知识分子呢？洪秀全有一套办法，儒家的这些经典还是要读的，不过在此之前要全面地修改一番。洪秀全甚至亲自删改儒家典籍，好歹洪秀全也算得上半个文人。好了，这些删节版的儒家典籍就是考试的素材了，但是答卷的时候千万不能过于儒家，一切要以拜上帝会的宗旨为准绳，紧扣这个主题。科举的考官都是太平天国的高层人物，足见太平天国对于科举也是非常重视的，可惜这些考官往往都是半文盲，而拜上帝会的教义又非常粗俗浅陋。考试如何考出水平这才是最关键的。

太平天国的科举分为乡试、县试、郡试、省试、天试。虽然洪秀全表现出一副求贤若渴的姿态，但是应试者寥寥无几。太平军进城后，读书人大部分都逃走了，留下的一部分对这个政权不满，另一部分就算真想博取富贵，也担心考试时拍马屁拍到马腿上，富贵不成反而丢了脑袋。

后来，杨秀清下令凡是读书人不来参加应试的全部要砍掉脑袋，无奈之下，大家纷纷耷拉着脑袋过来应试。有的人直接交白卷，有的人写诗讽刺洪秀全、杨秀清，这些人有不少被处以极刑。由此可见，太平天国虽然在一定程度上赢得了百姓的支持，却让一些读书人退避三舍。

洪秀全的科举制度最后流于形式，之所以不废掉科举制度是因为他觉得有科举才证明这是一个蒸蒸日上的王朝。有意思的是，太平天国的科举中榜率实在太高了，只要你进了考场，又认认真真地答完了试卷，一般都能高中。洪秀全是中国第一个开设女子科考的，这当然也只是个形式，跟拜上帝会男女平等的思想一致。

太平天国的科举是一场闹剧，并没有选拔出像样的人才。但对于一个政权来说，人才是必不可少的。太平天国的人才主要还是来自下层百姓，科举招不到人才，洪秀全便亲自书写“求贤榜”：“江南人才最多，英雄不少。或木匠，或竹匠，或铜铁匠，或吹鼓手，你有那长，我便用你那长；你若无长，只可出出力的了。”

一篇大白话的“求贤榜”，老百姓一看就懂，觉得这个领导人没有架子，彼此间心理距离很近。通过这种方式，洪秀全发现了不少优秀的人才，这些人才虽然出身卑微，大多有一技之长，其中有很多人还是真正的豪杰。由于遴选机制问题，这些人长期被拒绝在传统的科举大门之外，现在他们终于有一个施展才华的机会，但由于文化的缺乏，他们都有难以弥补的缺点。

写到这里，我们试着对洪秀全作一个评价。洪秀全论文治才能他可能比不上冯云山，论武功本领他可能比不上杨秀清，论领军作战的本领他可能比不上韦昌辉、萧朝贵、石达开这些人。洪秀全为何还能成为这些人的领导呢？这固然跟洪秀全的创始人身份有关，还有一个重要的原因就是，洪秀全善于用人。

在中国历史中，洪秀全有点像的人可能就是刘邦，不过论起气度和智慧他都比不上刘邦，可以说是一个简陋版的刘邦。在用人方面，洪秀全也远远比不上刘邦，只是说和洪秀全自己的其他才能相比，用人方面他是相对出彩的。

从天京之乱中我们就能看出洪秀全的心术，他先是利用韦昌辉和秦日纲杀掉杨秀清，最后又借此除掉韦昌辉和秦日纲。到后来，他又果断地启用李秀成和陈玉成这样的后起之秀，这两人都是杰出的帅才，没有一点用人的本领，是很难做到这些的。虽然洪秀全的所作所为加速了太平天国的灭亡，但毕竟巩固了个人的权威，也在一定程度上反映了他的用人之术。

也谈谈北伐

在写太平天国历史的时候，北伐是最关键的一环，根本不可能绕开，很多人认为北伐对于太平天国来说就像一个生死关口。北伐的失败是导致太平天国失败的一个重要原因。

有的人认为太平天国在拿下南京之后，应该借着锐气，一鼓作气，全军直捣北京。正所谓机不可失时不再来，当时太平天国的斗志正处于最高昂的时候，全部主力北上的话，极有可能拿下北京。

如何评价这个观点呢？首先我们必须承认，这个观点并不是毫无道理的，当年吴三桂造反就是因为在长江边踌躇不前，误了大事。太平天国如果倾巢出动，确实很有拿下北京的可能。但是有几个问题必须考虑到，首先这么做风险是相当大的，南京一战中就能看出八旗子弟在绝境中战斗力还是很强的。如果不能拿下北京，太平军很可能就会走向崩溃的边缘。其次，就算是拿下了京城又怎么样？太平天国能统一全国吗？

有人觉得，连京城都拿下了，这天下自然是你的了。其实不是这样的，黄巢攻陷了唐朝的都城长安，最后还是兵败被杀。李自成也打进了北京，最后还不是落得逃亡被杀的命运。对于太平天国来说，当时有两大威胁，而且都是致命的威胁。第一个是内部的矛盾，在南京尚且杀得你死我活，到了北京，权力更大，内讧只会更加激烈。第二个是地方上的力量，推翻了清政府不代表就建立了新政权，北洋军阀的例子我们都看到了，洪秀全如果在北京当了皇帝，曾国藩、左宗棠这些人会同意吗？

综合各种因素考虑，我们认为攻克南京之后，如果倾巢涌向京城是一个自取灭亡的决策。如果不信的话，我们看看当年朱元璋是怎么做的，朱元璋拿下南京之后，采取“高筑墙、广积粮、缓称王”的策略，先后吃掉陈友谅和张士诚，经过了多年的积累和巩固最后才决定北伐，赶走元朝统治者。

太平军占领南京后，向荣很快在孝陵卫建立“江南大营”，琦善在扬州建立“江北大营”，这两人好比是蹲在天国门口的两头老虎。如果太平军全力北伐，一定是腹背受敌，首尾难顾。

要搞清楚这次北伐绝不容易，这次北伐跟历史上的其他北伐不太一样，它奇怪的地方就在于北伐的兵力少得可怜，只有两万人。这就让人费解了，让两万人拿下京城，洪秀全和杨秀清虽然肚里墨水不多，但也不至于出此下策。其中必有隐情。

定都南京两个月后，太平天国高层发出了北伐和西征的命令，北伐军由李开芳和林凤祥率领，主力部队由两万太平天国老兵组成。

朱元璋北伐时动用了二十多万大军，太平天国用两万人北伐这是在闹着玩吗？北伐将领李开芳和林凤祥虽然骁勇善战，但北伐事关重大，理应派上韦昌辉或是石达开这样的人当元帅才对啊！太平天国这次北伐确实给人留下了太多的疑惑。

为了揭开这些谜底，我们还得从清朝的军事体制入手。在写清朝历史的时候，我们发现一个问题，清朝的兵力非常分散，总是几千人、几百人进行调动，最多也就几万人，从来没有一次性调动十万大军的，这在其他朝代是很少见的。这首先说明了清朝的兵力比较少，国家的常备军不超过八十万人，其中绿营六十万人，八旗兵二十万人。实际数目更小，因为各营都有缺员的情况。

读者一定很好奇，到清朝时中国已有四亿人口，组建一支两百万人的大军完全没问题，为什么兵这么少呢？这还得从清朝政权说起，清朝是少数民族政权入主中原，八旗兵不是很多，他们能放心军队里全是汉人吗？所以，清朝皇帝在政治和军事上最讲究控制和平衡，让下面互相牵制，从而维护统治的稳定。

太平天国运动爆发后，清朝真正能调动的军队不过四十万人。这四十万人能够作战的军队还分散在全国各地，所以我们经常看到清廷调兵几百人上千人，这在以前的朝代是不可想象的。

鸦片战争时，西洋军队几千上万人在神州大地横行无阻，很多人都嘲笑清廷的软弱。其实，他们也有难处，首先是兵少，其次又分散。真正跟洋人作战的部队也多不到哪里去，通常也就是一两万人，有时候洋人的军队还更多一些。

由于满族人口少，他们必须控制汉人军队的数量，从而导致军队整体规模较小。他们随时担心各地出现起义，又将这些少得可怜的军队分驻全国各地，而且各地的驻兵都是互不统属的，目的也是互相牵制，防止这些军队联合，操于一人之手，对清廷构成威胁。这也是曾国藩解散湘军的原因，他不解散的话迟早要跟清廷干仗。

几百人、上千人的小军团分驻在全国各地，而且这些小军团的头目互相不节制，这固然不会对清廷构成威胁，但对于镇压太平天国这样大规模的起义也很不利。太平天国动辄几万人，如果有一个会打仗的统帅，可以轻松将清军的小军团一一歼灭。因为清军数量不够，各地才组织乡勇，正是这些乡勇的存在遏制了太平军的步伐。

写到这里，我们多少可以理解杨秀清为何安排两万人北伐了。首先李开芳和林凤祥都是优秀的将领（虽然不是帅才），而且两人互补，一个有勇，一个有谋，如果他们指挥得好，未尝不能成功。北伐军后来被胜保和僧格林沁两个军团打败。其实这两个军团加起来也不过四万人，两万人打败四万人并不是什么天大的难事。

所以他派出两万人，这两万人全都是精兵。当年太平军几千人冲破赛尚阿四万人的封锁，一路攻破南京，形成百万之众。杨秀清有理由相信这种奇迹也可以发生在李开芳、林凤祥身上，如果一开始就给李开芳、林凤祥十万大军，杨秀清自己也不放心。他也担心将在外军令有所不受，担心李开芳和林凤祥攻破北京后拥兵自重。

杨秀清显然也预料到北伐途中有大量的捻军和天地会等组织，如果李开芳处理得当，大军抵达北京时未尝不会有几十万人之众。从历史上看，北伐之所以失败，更多的还是指挥上的失败和战术上的失败。

而且，拿出两万人的军队对于太平天国来说不是一笔很大的赌注。杨秀清显然是抱着不成也罢、能成更好的心态。他并没有把全部的希望都押在这场战役上，如果他把全部的希望都押在这场战役上，很可能会亲自指挥这场北伐战争。北伐的真正目的可能是牵制清军，从而为西征缓解压力，实则西征才是主力。

从后来的历史看，也确实是这样的，韦昌辉、石达开、罗大纲、曾天养、胡以晃等重量级人物都参加了西征。为什么西征这么重要呢？因为西征的目的是打下半壁江山，给清廷来个釜底抽薪，如果控制了整个南方，那么清廷就没几天可折腾了。

总体上说，杨秀清这个战略还是非常不错的，只是他万万没有料到。外敌还没有歼灭，内部的争斗就已开始，而第一个送命的恰恰是他自己。

我们也可以换一种思路，假设太平军将全部主力部队用来北伐，会出现什么结果？一方面，清廷很可能被推翻，但各地的清军很可能偷袭南京，重新占领南京。到时候天国真正拥有的不过是北京一座孤城，占据北京后，接下来就是消灭各地的督抚了，在这个阶段，各地会党很可能不但不帮忙，还会捣乱，他们也在图谋江山。

另一方面，曾国藩和左宗棠这些人有经世之才，没了清廷的约束，他们的发展会更加迅猛。如果曾国藩和左宗棠打出拥护清廷王室的旗号，将有大量的军队和乡勇会集在他们的旗下，洪秀全打不过曾国藩，杨秀清也干不过左宗棠。估计，清廷灭亡，太平天国也会灭亡。

所以说，杨秀清偏师北伐、主力西征是深谋远虑之后做出的决策，无奈洪秀全比杨秀清更深谋远虑，直接把他干掉了。杨秀清不想为曾、左等人作嫁衣裳，洪秀全也不想为杨秀清作嫁衣裳，真是螳螂捕蝉黄雀在后。

北伐军只动用了两万人，西征军有六万人，这是两次非常大的军事行动。后来的一些历史学家认为，太平军可能并不像史料记载的那样有六十万人，否则不会出动这么少的兵力。历史学家孟森却认为太平军定都南京后确实有六十万人，因为后来的事实很明显，天京之变后，陈玉成、李秀成带兵动辄几十万人，有时高达上百万人，怎么会没有兵呢？

只不过杨秀清在位时，非常注重质量，他死后，高层更加注重数量。杨秀清一般是不会把新兵派上战场的，新兵必须经过一段时间的训练才能派上战场。

杨秀清的这种军事思想无疑是正确的，兵贵精不贵多，用精兵可以以少胜多，这也是太平天国前期发展迅猛的原因。后期，太平军动辄几十万大军，却被曾国藩几万人打得抱头鼠窜。杨秀清之死对于太平天国而言确实是一场灾难。

现在我们再提出这样一个问题：究竟应不应该北伐呢？

我觉得应该北伐，北伐是主动出击，在战略上可以让己方处于主动地位。如果取消北伐的话，那么清军就会占据主动位置，也会有更多的兵力来围剿太平军。

北伐军人数虽然少，却是太平军中最精锐的部队，里面的将士主要来自广西，也就是曾国藩所谓的“老长毛”。曾国藩曾经有这样的评价：“三十万新长毛的战斗力还比不上三万老长毛。”这支王牌军队虽然一路上发展到五六万人，但打到最后始终是两万人。原因其实很简单，对于这样一支精英部队，其他人很难真正融入他们，而且北伐军是流动作战，新加入的人也跟不上节奏。

北伐军确实极大地牵制了清军，清廷前后调动二十多万大军才消灭了北伐军，清军方面损失了七万多人。北伐军虽然最终失败，但是对于清廷的震撼极大，以至于后来曾国藩一旦抓到“老长毛”，一律斩首。

下面我们将看到这支军队是如何一步步走向失败的。

纵横北国，胜算转瞬即逝

咸丰三年（1853 年）四月初一，北伐军出发了。

关于北伐军的人数还得啰嗦几句，一般认为是两万人，但也有人认为有五万人，历史学家范文澜就持有这种看法。他认为北伐军在出发时有五万人，在过黄河之时损失了三万人，最后只剩下两万人。

北伐军首先到达安徽境内，当时整个安徽只有四千清军，其中有一部分还是周天爵招抚的捻军。这支军队自然不可能抵御北伐军，北伐军一路势如破竹来到六合县。也就是在这里，北伐军尝到了厉害。六合知县温绍原虽然是个小官，但跟江忠源一样，官小志气不小。他很早就预见到太平军可能会攻打六合，提早做好了准备。

温绍原是个不错的父母官，深得民心，他老早就训练了一大批乡勇。在太平军到来之前，他就把百姓都迁入城内，然后坚壁清野。两军相持期间，温绍原甚至主动偷袭北伐军的先锋部队，差点让太平军的先锋部队全军覆没。

北伐军攻不下六合县，只好绕开，攻打镇守宿州的周天爵。周天爵手下没多少兵，但他这个人胆子非常大，居然真的模仿书中情节，玩起了空城计。城门打开，周天爵坐在城楼上悠闲地抽着烟。林凤祥非常谨慎，居然不敢攻，放弃了宿州。周天爵得理不饶人，居然还带着三千人马去追击太平军，也小有收获。

太平军一再受挫，损失了不少人马，只好招募饥民。后来北伐军又被胜保在清流关下击败，北伐形势不容乐观。从这些战斗中可以看出，李永芳和林凤祥都不是那种能够独当一面的帅才，只能算是冲锋陷阵的将领。

不过，这两次失败之后，太平军很快扭转形势，接连攻克蒙城、亳州，来到了黄河边上。

清军将领陆应谷与北伐军在黄河边上发生了激战，双方都死伤不少。正在北伐军苦于无法渡河之时，捻军过来协助他们，击退清军，攻下归德。陆应谷仓皇逃跑，归德之战后，北伐军再次一路高歌，畅行无阻，接连攻破睢州、陈留、开封，一路到达军事重镇朱仙镇。

尽管太平军拔去了黄河边上的清军营垒，但林凤祥和李开芳都不熟悉水战。这两人都是打仗还行，组织不行的角色。加上此时军队人数扩张，他们一时之间非常茫然。林凤祥请求韦昌辉支援些粮草，但远水解不了近渴啊！仓皇之中，两人也没来得及筹备，就匆匆渡河。结果被八旗将领托明阿和善禄偷袭，死伤惨重。

无奈之下，他们决定趁夜偷渡，结果又被清军炸沉不少船，伤亡惨重。最后，实在没办法了，李开芳和林凤祥决定不惜一切代价渡河。渡过黄河后，只剩下两万人的精锐部队，其他人不是被杀，就是逃散。

北伐军渡过黄河后，咸丰顿时吓坏了。接着，北伐军以迅雷不及掩耳之势包围河南省怀庆府。怀庆城池坚固，北伐军打了两个月，拿不下来，只好放弃，向西挺进。当时，在天京的杨秀清给北伐军发出了一道密函，让他们不要计较一城一地的得失，要以最快的速度闪击京师，让清军来不及反应，方寸大乱。可惜这封密函被清军截获，李开芳在怀庆逗留了两个多月，完全违背了杨秀清打乱清军的战略部署的目的。

杨秀清也知道北伐军在兵力上处于劣势，所以要通过机动作战打乱清军部署，防止清军的分散部队集结成大军团。

随后，北伐军进入山西境内。咸丰大怒，下令逮捕直隶总督讷尔经额。

听说太平军进入山西，巡抚哈芬立即跑得不见踪影。咸丰又很愤怒，下令逮捕哈芬，但没人能找到哈芬。如此一来，山西境内等于没有设防，北伐军在这里纵横驰骋，极少阻滞。城池一座接一座被攻破。如果北伐军在山西能树立良好军纪，将这里当成北伐的一个暂时大本营，也许北伐的结果就会完全不同。

可惜，历史没有假设。在平阳城，守城的一个清兵开炮打死了林凤祥的一个旗手，而这个旗手恰恰就是林凤祥的老乡。林凤祥非常愤怒，破城之后，下令屠杀全城百姓。

北伐军由于缺少一个素质高的领导，军纪混乱也是意料之中的事。李开芳和林凤祥都是粗暴的武夫，不太懂政治，所以群众基础比较差。听说太平军来了，百姓纷纷逃亡。此时，人数虽然有五万人，估计很多人都是勉强加入太平军的。

穿过洪洞后，北伐军进入直隶省，扑向天津。才十几天的时间，北伐军就一路攻城略地，距保定只有六十里。消息传到京城，皇城里炸开了锅。城里的有钱人纷纷出逃，咸丰也做好了逃亡的准备。

危亡关头，咸丰作出部署，命惠亲王绵愉为大将军，和科尔沁郡王僧格林沁、胜保等人合力保卫京城。

胜保是满洲镶白旗人，曾考中举人，但天生对军事感兴趣。

这次终于能够一展平生抱负，那肯定是拼死卖力了。

在近代人物中，胜保最崇拜年羹尧。他说话做事经常模仿年羹尧的风格，甚至连生活细节都模仿年羹尧。如此一个人，很难让人相信他会成为一个优秀的将领。但清军将领的素质实在太低了，胜保好歹是一个急切渴望施展才华的人，只要敢打敢拼，慢慢就能打出经验，说不准真能成为一代名将呢！

九月二十五日，北伐军打到沧州。沧州知府沈如潮站出来，招募三千乡勇，严阵以待。北伐军完全没有料到沈如潮是一员猛将。这天清晨大雾弥漫，北伐军前锋前进的时候忽然遇上了沈如潮的军队。北伐军很奇怪，这些人不守城，出城来干吗呢！还没反应过来，对方已经杀了过来，沈如潮的部队对地形很熟悉，也习惯了大雾天气，很快就杀退了太平军的进攻。

最后，北伐军集合全部兵力围攻沧州，终于拿下这座铁城。为了泄愤，李开芳和林凤祥下令大肆屠杀，虽然没有杀光全城的人，也杀了上万人。

攻克沧州后，北伐军扑向白洋淀。去过白洋淀的朋友知道，这里四处环水，很适合打水上伏击战。果然，第一次进攻北伐军就损失五百人，而守军无一伤亡。

北伐军几次进攻先后被挫败，只好退到静海。此时，北伐军在军力上占据绝对优势，如果不惜一切代价攻打天津，应该是可以拿下的，天津的防御力并不强。

机会稍纵即逝，没多久，胜保和僧格林沁的军队已经抵达天津。清军仓促过来，军容不整，辎重在后。李开芳和林凤祥如果在这时候进行突然袭击，便很容易击败支援的清军，可惜他们还是没有这样做。也许他们是吓怕了，一直守着静海，坚守不出。就这样，眼看着清军在天津城周围集结。

其实，清军是有很多破绽的，首先胜保和僧格林沁两人的关系就不好。胜保名义上是保卫京师的钦差大臣，但僧格林沁的实际地位要高，所以他们互不统属，两人经常钩心斗角。

奇怪的是，林凤祥不仅没有进攻，反而让李开芳带领四万人驻守独流镇，自己带着一万人守静海镇。

这五万人的北伐军中，真正有战斗力的还是从南京出发的那两万人。流民组成的军队本来就军心涣散，只有通过战斗才能不断凝聚他们。现在北伐军转攻为守，无疑助长了很多人叛逃的心思。

前来增援的清兵号称八旗精锐，但是战斗力也相当差，前后十多次对北伐军发动超过万人规模的进攻，都被打退。两支军队就这样陷入僵持状态，如果李开芳和林凤祥有石达开那样的才能，北伐或许会成功。杨秀清北伐的战略是正确的，但让林、李两人担此大任不能不说是杨秀清用人的失误。

正面进攻没有效果，双方都选择在晚上搞一些突然袭击。有几次，两军夜晚搞突袭，在半路上恰好相遇了，互相打起来。打到伸手不见五指时，双方才心照不宣地撤回去。结果撤退时很多人搞错方向，清军跑到北伐军那边为北伐军修炮台，北伐军跑到清军那边为清军筑工事。等到第二天早上才发现，原来回错了地方。

后来，北伐军实在熬不住了，主动进攻。没想到进攻僧格林沁时，被胜保偷袭，损失了几万人，最后只剩下两万人。

自此，北伐军渐渐走向劣势，清军步步为营，包围北伐军。北伐军突围退入阜城。其实到了这地步，北伐军已经没什么搞头，南下和援军会师倒是个不错的选择。但林凤祥突然做出一个自取灭亡的决定，不再后退，坚守阜城，等待援兵。杨秀清确实派出了一支七千人的援兵，但这支援兵却被清军拦截在山东临清。

林凤祥坐困愁城，僧格林沁和胜保正求之不得。他们率领四万清军团团围住阜城，激战之中，北伐军主将吉文元阵亡。这也是攻城以来获得的最大战果。僧格林沁攻了许多次，都不能成功，忽然听说北伐军的援军已经冲破临清，渡过黄河北上。僧格林沁急让胜保带领万人前去阻击。

胜保一走，北伐军压力大为减轻，林、李二人带兵出击，成功突围，退到连镇，在这里补充了大量的粮草。可惜，冬天已到，这些南方军队实在经受不住北方的严寒，冻死不少人，北伐军内部弥漫着一股失望的情绪。

胜保还真不是纸上谈兵之辈，居然把北伐军的援军全部歼灭。而这边的李开芳还以为援兵不久就到来，亲自带着几百人迎接。但他没迎接到援军，倒是迎接到胜保，李开芳狼狈逃回。

此时，北伐军还剩不到万人，清军兵力是他们三倍以上。后来逃兵越来越多，在逃兵的指引下，清军攻破城池。林凤祥被抓住后，押往京城凌迟处死。林凤祥不愧是从血火中训练出来的人，他有着钢铁般的意志，凌迟的时候，居然面不改色，反而很镇定地看着刽子手对自己下刀。当时，在一旁的清廷官员吓得面如土色，大家纷纷说："这个人简直不是人啊！是人哪有不怕痛不怕死的，你看他那样子，不是个英雄，就是个魔鬼……"

北伐军主力虽然被歼灭，还剩下李开芳率领的一千人。李开芳居然多次抵抗住了清军的进攻，胜保被僧格林沁参劾，押往京城问罪。一路上，胜保诗情大发，感叹自己是深受不白之冤的岳武穆，也算是自娱自乐，免得在囚车上无聊。

李开芳最终还是被捉住了，一天大风沙，他想跟僧格林沁玩诈降，结果被人识破。李开芳也是一个硬汉，在刑场凌迟时，他居然接连踢死了两个刽子手，还带着部下高喊：“自出天京，所向无敌，清妖不堪一击，灭亡就在眼前。”

到这里，我们应该明白杨秀清为什么安排这两人北伐了，这两人确实是战斗到底的血汉子。你不用担心他们妥协，不用担心他们会投降，他们是值得信任的。尽管如此，杨秀清用这两人北伐还是很大的失败，他将不具备帅才的人放到元帅的位置上，这种教训是惨痛的。

西征前期战果辉煌

西征的首发阵容并不强大，杨秀清只派了三万人，由胡以晃、赖汉英、曾天养等人率领。

西征军很快拿下安庆城，接着进入江西，包围南昌。按照杨秀清的战略，西征的目的就是控制安徽、江西、湖北、湖南等省份，相当于扩大太平天国的外围屏障，与清廷对峙，形成半壁江山。

赖汉英亲自带领猛将林启荣、曾天养围攻南昌，南昌城只有五千人，正规军三千人，团练两千人，而前来围攻的太平军接近万人。防守好的话，还是能扛得住的。可惜，还没交战，城内先乱了，不少官员拖家带口地逃跑，两千乡勇一哄而散。

眼看南昌保不住了，忽然来了个江忠源。其实，江忠源并不是赶来支援南昌的，这个人心比天高，他想带领两千乡勇直接到南京城下叫阵。他这个想法太疯狂了，有自取灭亡的意思！理性一点的曾国藩给江忠源提建议，说我在家训练六千乡勇，咱们凑够一万人，趁着太平天国还不稳定，一举拿下天京。

可惜历史不以人的主观意志为转移，江忠源路过九江时忽然接到清廷命令，不用赶往南京，在南昌防御。江忠源到了南昌后，就接管了南昌所有的防务。江西巡抚张芾发出求援书，各地赶到南昌的援兵也有六千来人，加起来，南昌守军有一万多人。

南昌这边增援，太平军这边也没撂下，韦俊、石凤魁、石祥祯率领的两万援军也赶到南昌城外。

江忠源不愧是一个老牌将领，他能在危险没有出现之前将其消灭。江忠源知道太平军擅长爆破攻城，那么好，把南昌外城三里以内全都烧成一片白地，霎时间，火光冲天，连滕王阁也未能幸免。江忠源本来是一代名将，这次火烧滕王阁让他背负了很重的骂名，在仕林中声名狼藉。

江忠源面对太平军的强大攻势，指挥若定，粉碎了太平军一轮又一轮的进攻。到后来，江忠源已经不满足于守城了，主动出击。双方各有胜负，但很显然，到了这个地步，太平军是没法拿下南昌城了。

西征军是太平军最精锐的部队之一，三万人围城近三个月，始终拿不下南昌城，由此可见江忠源的可怕，可见湖南人之强悍。南昌攻坚战给太平军高层留下了深刻的印象，甚至留下了心理阴影，后来，石达开率领八万人居然不敢攻几千湘军镇守的南昌。

如果没有江忠源，南昌八成是要落入西征军的手中，南昌一沦陷，西征军就可以长驱直入进入湖南。如果再派上石达开的增援部队，太平军控制湖南并不是什么难事，当时湘军正处于成长中，还没成型，正是最脆弱的时候。湖南被控制，天下还不好控制吗？天下一控制，就改朝换代了，不过最后天下到底是姓洪的还是姓杨的就不清楚了。

所以说，南昌的失利让杨秀清非常愤怒，愤怒就得找个人问责啊！赖汉英是南昌攻城战的总指挥，杨秀清本想把他杀了，考虑到他是洪秀全的妻弟，好歹是个国舅爷，不能一刀咔嚓，便将他革职问罪。不过，杨秀清这个人脾气非常怪，他很想杀掉赖国舅，只是现在还不方便动手而已。赖国舅也知道自己今天不死，有一天也会死的，这么一想，便在安庆投水自尽。

可以说，又是江忠源挽救了清朝的国运。

南昌失败后，杨秀清意识到必须换上一个更给力的元帅，当时只能在两个人中间选，石达开和秦日纲，因为韦昌辉要负责京城的防卫工作。秦日纲就是后来诛杀杨秀清的罪魁之一，这说明秦日纲很早就是洪秀全的亲信，杨秀清不相信他，这个元帅只能是石达开了。

石达开率军出征，并接管前线西征军的一切指挥权。石达开来了，气象果然有所不同。他让韦俊和石祥祯率两万人溯江而上，进攻两湖；胡以晃和曾天养在安徽发展。石达开到了安庆后，意识到此地的战略地位，加固城池，修建土城和炮台，把安庆打造成一座铁城。

石达开虽然在我们眼里是一个军事家，其实这个人还是有政治头脑的。他到了安庆后，将安庆发展成一个基地，而不仅仅是军事重镇。他甚至冒着极大风险废除了洪秀全的一些弊政，比如，他不没收所有居民的财产，也不强迫所有人加入太平天国，他规定，居民只要正常工作、正常缴税就可以了。石达开还派遣士兵兴修水利，深得百姓的爱戴。如果太平军都像石达开这么搞，当时的天下没理由不是太平天国的。

石达开很快就在安徽江西一带站稳脚跟，而且石达开还抢到了清军的十六万石的粮食，真是丰收之年。咸丰看到安徽很快就要落入太平军手中，罢免了原巡抚，改任江忠源为安徽巡抚，此时奉命剿匪的周天爵病死安徽，安徽清军阵脚大乱。

两湖的西征军轻松攻取九江，韦俊让林启荣镇守九江，自己率主力进攻湖北，在黄州遇上湖南巡抚张亮基。江忠源前往湖北支援张亮基，要说这江忠源，一生够倒霉。他为清廷立功最大，但吃力不讨好。保卫南昌一战，江忠源的楚勇立功最大，但清廷却没有任何赏赐，没有赏赐倒也罢了，偏偏正常的粮饷都不能及时运到。许多楚勇纷纷扔下兵器，跑回家里。江忠源手中的兵相当少，但是牌子依然响亮，听说他带着一两千人来到湖北后，张亮基立时信心大增。

尽管能带来很大的品牌效应，但江忠源的气数已尽。他的楚勇早已走散大半，剩下一些老弱病残。在渡江的时候，江忠源的支援部队全部被石祥祯歼灭。

楚勇被灭，张亮基如遭雷轰，他知道完了。果然，西征军攻城略地，击杀清军将领，大量乡勇投降。田家镇、蕲州、黄州先后失守，西征军稍事休息，又攻克汉口、汉阳。武汉彻底暴露在西征军的炮火之下。

坐镇武汉的是湖广总督吴文熔，此时吴文熔就像热锅上的蚂蚁，四处求救，可惜无人救援。这时候，西征军主力收到杨秀清的一封急信，让他们尽快去安徽庐州参加会战。

庐州也是一块战略要地，这里城防很坚固。曾天养带领人马与胡以晃在庐州外会师，此时江忠源也带着一千多人赶到安徽。在六安时，江忠源淋雨患了重感冒。病中，江忠源听说太平军攻陷了舒城，侍郎吕贤基自杀，幕僚李鸿章逃走。

庐州只有两千守兵，知府胡元炜四处散发求援信，但现在大家都学乖了，谁也不去救，都怕搭上自己的性命。无奈之下，胡元炜只好把希望寄托在江忠源身上，他怕江忠源不来，故意说庐州城内粮草充足，团练很多，守兵过万，江忠源如果来了一定如虎添翼。

江忠源信以为真，心想庐州确实是块战略要地，粮草和兵马肯定不会少的。于是，留下一半兵马守六安，自己带着招募的乡勇赶往庐州。

到了庐州后，江忠源才知道胡元炜完全是忽悠自己，庐州城内兵少粮乏。江忠源自诩名将，到了这步田地也只能死守了。江忠源动员全城百姓，凡男丁一律上城楼。咸丰也知道庐州的情况，紧急下令湖广总督吴文熔前往庐州支援。其实，吴文熔是泥菩萨过江——自身难保，哪里分得了身去救别人。

正在湖南训练团练的曾国藩答应派兵支援，不过箭在弦上，他又忽然改变主意，拒不发兵。尽管形势非常不利，但江忠源是一个非常自信的人，他深信只要自己在这里，庐州城就一定能保住。

胡以晃带着几万大军连夜攻城，从东南西北四面发动进攻。江忠源兵来将挡水来土掩，与太平军激战两昼夜，终于击退太平军。第二天大雾，胡以晃准备再次进攻，假装攻东门，实际主力攻北门。江忠源一眼识破他的计策，在付出五百人伤亡的代价后击退太平军。

胡以晃围困了庐州一个多月，双方打打杀杀不少，都不能一战击败对手。不久，陕甘总督舒兴阿率领万人来支援，太平军前去阻击，两军蜻蜓点水般地打了一仗，舒兴阿就下令撤退，然后待在一个比较安全的地方，远距离观望。

咸丰三年（1853 年）十二月十六日，胡以晃炸开了小东门和小西门，带兵冲入城内。胡元炜自知大势已去，居然跪地迎接胡以晃，愿为胡以晃引路灭掉江忠源。胡元炜这么做很不地道，其实，自从他诱骗江忠源入城，江忠源就天天骂他，见一次骂一次，还扬言等战事结束杀了他。胡元炜非常害怕，他老早就听说江忠源有“江屠夫”的外号。

江忠源正在城楼上指挥战斗，忽然看到胡元炜领着太平军上来，悲愤之下，准备拔刀自刎，被身边的人救下。将士们背着江忠源逃命，但江忠源性格极为倔强，他曾夸下海口，说有自己在，庐州城一定能保住，城在人在城亡人亡。这时要他苟且偷生实在是为难他，江忠源狠咬背着他的人的耳朵，那人吃痛放下他。江忠源立即跳水自尽。

江忠源曾给咸丰写过这样的奏折：“城存，臣存；城亡，臣亡。”咸丰这样批复：“庐州城可失，江忠源绝不可失。”可惜诏书到时，胡以晃已占领了庐州城。

江忠源前脚刚进鬼门关，武汉不久就被攻克，吴文熔后脚便跟上江忠源。

此时，太平军接近辉煌状态，但仍然不能说形势一片大好。此时，最好是西征军各路主力一起杀向湖南，但真实情况并不是这样的，曾天养在荆州受阻，林绍璋的部队也推进缓慢。庐州城外还有几万清兵，太平军的势力并没有得到真正的巩固。

第四章　曾国藩来了

如果曾国藩不是一个善于隐忍的人，很难在这种险象环生的情况下活下来，就会像江忠源那样过早地为国捐躯。因为像曾国藩这样的人，不光要对付太平军，有时还要应付清廷和同僚给自己制造的麻烦。

传奇人物曾国藩

西征军进入湖南后，就要面对近代史中的传奇人物曾国藩了。

曾国藩，字伯涵，号涤生，谥号文正，外号“曾剃头”，湖南湘乡人。

曾国藩出身于地主之家，小时候是一个标准的好学生，他不贪玩，也不淘气，读书非常认真。二十三岁，曾国藩考上举人；二十八岁，考中进士。如果没有出现太平天国运动，曾国藩的一生会比较平淡，一辈子当自己的官，不会卷入太多是非中。

老天没有给他这样的机会，他注定要成为镇压农民运动的刽子手，他为清廷延续了五十多年的寿命。民间对曾国藩的评价至今毁誉参半，在很多人眼里他仍然是个“剃头专家”，在一些人眼里他是个圣贤，是继往开来的大人物。

清末有人这样评价曾国藩：明朝有一君一相，明君是朱元璋，贤相是张居正；清朝也有一君一相，君是康熙，相就是曾国藩了。

有人吹捧就难免有人骂，章太炎就痛骂曾国藩是民贼。章太炎是个性格很矛盾的人，他既厌恶曾国藩镇压人民，又庆幸曾国藩把洪秀全给灭了。章太炎赞同革命，但不赞同洪秀全式的革命，自相矛盾也可以理解。

曾国藩不是我们印象中那种迂腐的儒生，他是一个脑子非常活的人。在镇压太平天国的过程中，湘军不断发展壮大，后来曾国藩的很多部下劝他黄袍加身，其中甚至有左宗棠这样桀骜不驯的人。后来，李秀成也劝曾国藩自己当皇帝，但他还是拒绝了。

曾国藩城府非常深，当然修养也相当高。不过生性耿直的左宗棠却看曾国藩不顺眼，觉得这个人文雅是假的，正直也是假的。

曾国藩是个实用主义者，做事非常圆通，为人一点儿也不古板，他性情幽默，喜欢开玩笑，经常逗得同僚哈哈大笑。曾国藩这个人不简单啊！

我们来看看曾国藩的仕途经历吧！

点翰林后，曾国藩其实是个闲官，在这段闲散的日子里，曾国藩阅读了大量的文史著作。后来又拜唐鉴学习理学，大家都知道理学讲究存天理灭人欲，曾国藩当然不会灭人欲，但在这个过程中养成了“静”的习惯，所谓“静”不是安静，而是没有任何杂念地观照事物，这样才能窥见事物的本质。我们之所以强调曾国藩学习理学的经历，是因为这段经历对他后来镇压太平军有很大的帮助。

或许有人会奇怪，理学能帮助打仗吗？确实没有直接帮助，但能起到间接作用。理学可以教会人如何辨别表象和本质，在战争中有很多的假象和干扰，如果能够看出对方的真实意图，打仗自然就顺利了。

后来，曾国藩傍上了权相穆彰阿，官拜侍郎。咸丰上台后，搞掉穆彰阿，曾国藩却没有受到牵连，可见此人会做官。他拜在穆彰阿门下，但从不让人感觉自己结党。后来，曾国藩还上了两封批评皇帝的奏折，一举博得正直的好名声。

当官的这段日子曾国藩深深掌握了隐忍之道的精髓。如果曾国藩不是一个善于隐忍的人，很难在这种险象环生的情况下活下来，就会像江忠源那样过早地为国捐躯。因为像曾国藩这样的人，不光要对付太平军，有时还要应付清廷和同僚给自己制造的麻烦。

可怕的湘军

团练和乡勇是清朝兵制下的产物，正规军的战斗力越来越弱，不得已才招募各地的乡勇。

清朝靠八旗兵起家，入关之后，八旗兵战斗力越来越弱。三藩叛乱时，康熙主要靠绿营兵镇压了这场叛乱。从此以后，八旗兵的战斗力越来越弱。为什么？因为清廷一直把八旗当作家底，不随便拿出来用，但工具不用都会生锈，何况是军队。

乾隆后期，在讨伐白莲教时，迫于形势需要，发展出团练和乡勇。没想到这个发明还真的应了时代的需要，以后每逢战争都会训练一批乡勇。

从乡勇团练到湘军还有很长的一段距离要走，完成这段距离的正是曾国藩。值此乱世，湖南盛行经世致用的理学思想。在清朝，湖南是一个相对落后的地方，但湖南人天生有一种强烈的“成功”欲望。

江忠源还活着的时候，曾国藩就建议训练一万人，一举拿下天京。这一万人就是湘军最早的骨干，如何治理这支军队呢？

曾国藩是这样说的：“带领湘军的小头目，第一要求能够治理百姓，第二要求不怕死，第三要求不在乎功名利禄，第四要求能够吃苦耐劳。”曾国藩用人最注重忠义血性，只有这样的人才是可靠的，所以他最怕用那种光靠小聪明的人，更怕用像自己城府这么深的人。曾国藩不愧是一个内心深邃的领导者。

在湘军的将领中我们发现这样一个现象，读书人当将军的比武夫多得多。还别说，真管用，这些读书人都是曾国藩精挑细选出来的，也许拎不起斧头，但是骨头都是很硬的。

曾国藩对士兵也有严格要求，优先选择年轻力壮的农夫，如果会玩一些兵器的更好，但凡油头滑脑的一概不收。有市井气（市民气、俗气）的也不收，有官僚气的更不收。

为了防止士兵逃亡，曾国藩在招募的时候就让各个营官到自己老家去招兵，这些兵的家庭住址、父母兄弟等信息全都记录在案——跑了和尚跑不了庙啊，点名时人不在，就到他家里去找。曾国藩用书生管理农民，确实很有创意。

为了保证将士们英勇作战，曾国藩还提高了他们的薪水。曾国藩的钱哪来的？小部分是清廷拨款，大部分还是自己筹措的，在筹钱这块，他有一个智囊团，可以从各种途径获取银两。刘蓉和郭嵩焘都是理财和搜刮的高手。所以，湘军拿的钱有绿营兵的三倍多，连打仗都受经济规律影响啊。

曾国藩这人还挺有创造力，雍正创立了一个军机处，曾国藩就创立了一个营务处。营务处相当于一个参谋机构，专门负责培养军事人才，也相当于军营里的军校。

曾国藩管理将领有四字秘诀：勤、恕、廉、明。所谓勤就是说当将领的一定不能懒，将领一懒，军纪就会涣散，凡事都要亲临第一线，了解种种细节，然后再作决定。所谓恕就比较难理解了，大家应该凶狠才对，为什么要强调恕呢？曾国藩认为大家都是湖南人，都是乡亲，应该亲如兄弟，不要动不动就责打士兵。所谓廉很好理解，当将领的一定要廉洁奉公，这样士兵才会卖力。所谓明就是要明察秋毫，不能被下面的人糊弄。

在军中，曾国藩号召大家要吃苦耐劳，提出了四耐：耐冷、耐苦、耐劳、耐闲。

曾国藩在组建湘军时，借鉴了戚继光的经验，同时结合清朝现有的兵制。曾国藩以营为基本定编单位，初设每营三百六十人，后设五百人。在每一个营中，十人为一队，但实际上一个队有十二个人，还包括队长和斯养，斯养到底是个什么人呢？其实就是一个烧饭洗衣服的，打仗中也需要这样的人。八个队又组成一个哨，在每个哨中，第一队和第五队配备抬枪，抬枪有三十斤左右。二、四、六、八队配置大刀和长矛，第三和第七队配置小枪。四哨为一营，营官除了指挥四哨之外，还有六队亲兵，第一和第三队亲兵是炮手，二、四、六队用的武器还是刀和矛，第五队是长枪队，没有哨长，亲兵总共七十二人。

一个营里，各个兵种搭配比较均衡，就好像一道营养均衡合理的菜，上了战场自然有威力。除此之外，曾国藩还增加了长夫制和帐棚制。打仗并不是简简单单拿起武器就上战场卖命，除了卖命之外，它还是一项浩大的工程。在清军中，没有专门用来搞后勤的士兵，后勤也不光负责运粮草做饭那些事，有时候还包括修筑河工、守护好漕运等事。

一碰到需要大量人力物力的时候，清军就到处抓人来做苦力，这种做法是典型的扰民。曾国藩亲自在第一线，他知道老百姓都很反感官兵一有事情就抓人去做，所以他特地增加了长夫制和帐棚制。什么是长夫制呢？就是说每一个营配备一百八十个长夫，这些人就是用来干活的。以后，士兵可以专心作战，不必当全能士兵了，打好仗就行了。所谓帐棚制就是各营自带帐棚，确保扎营的时候士兵有地方住，这就避免了士兵抢占民房，说白了也是为了严肃军纪，取得老百姓的支持。

不同的人领导的湘军营制也不相同，只是说曾国藩的营制是主流，也是最成熟最有效果的。

曾国藩对练兵也非常重视，这一点跟杨秀清是一致的。曾国藩曾说，有兵不练跟没兵一个样，兵不练精跟没练一个样。所以曾国藩从不让新兵上战场，要上战场首先在练兵这块已经过关了，这就是为什么老师吴文熔和好友江忠源战死的时候，曾国藩一直没有伸出援手。不是他不想，而是他不想把自己的家底全部赔进去，要想不赔，必须将兵练精，曾国藩深深懂得兵贵精不贵多的道理。

在陆军方面，太平军和湘军势均力敌，但太平军的水师明显比不上湘军。虽然太平军水师数量庞大，但编制非常混乱，作战效率很低。

打仗有时候打的是思想，曾国藩这人非常高明，为了统一军心，振作士气，他亲自编写了不少军歌，其中有《爱民歌》《解散歌》《陆军得胜歌》《水师得胜歌》等。

而且，曾国藩讨伐太平天国的檄文一下子就抓住了对方的要害。曾国藩闭口不谈民族矛盾，他死死揪住太平天国打倒孔教、打倒传统这点，把这场镇压农民起义的战争变成东西方的文化之争，变成孔子与上帝之争。在当时的中国，谁更有市场一看就知道。

不久后，胡林翼的湘军也并入曾国藩的部队中，曾国藩领导的湘军已经初具规模，足以和太平军抗衡了。

世事真是因缘巧合，曾国藩办湘军原本只是为了给江忠源补充兵源，没想到江忠源战死，他自己不得不从幕后走到台前。我们不知道曾国藩对这样的结果是感到高兴呢还是压力很大，总之他真的站出来了。

刚开始的时候，曾国藩也不是很顺利。

太平军将领林绍璋进入湖南后，一路攻城略地，占领了不少地方。随后，林绍璋打算占领湘潭和靖港，然后围住长沙。曾国藩让满洲将领塔齐布率一千三百人、江忠淑率两千人，前往湘潭阻止太平军。

塔齐布和江忠淑抵达的前一天，林绍璋已经拿下了湘潭。塔齐布和江忠淑都认为趁着太平军尚未站稳脚跟，立即进攻。林绍璋也算得上一员猛将，加上他指挥的是太平天国的精锐部队，所以难免不把湘军放在眼里。正因如此，一到交战的时候他就傻眼了，他是真没想到这次遇上劲敌了，这些训练完不久的湘军居然比清廷的正规军还能打。

其实湘军人数不多，也就三四千人，林绍璋万万没想到自己手下身经百战的将士居然被这些乡勇打败。仓皇之中，太平军退入城内坚守。

这时，曾国藩的水师部队也抵达湘潭城外，水陆两军联合作战。林绍璋也不服气，他是真不信这些人真这么厉害，觉得一定是侥幸。可惜，事实就是这么残酷，由不得林绍璋不信，林绍璋十次出战十次失败，打到最后手下的人都快死光了。走投无路之下，林绍璋带着四个亲兵连夜出城逃到靖港。

曾国藩心血来潮，想亲自指挥攻城战，拿下靖港。讽刺的是，曾国藩训练出来的湘军虽然无敌，但他自己指挥起来却手忙脚乱，就像一个新手第一次驾车一样。湘军的兵力虽然是城内太平军的几倍，居然屡次被太平军击败。一旦失败，就有人想开溜。曾国藩治军甚严，他拿着剑站在大旗后面，大声说："过旗者斩。"

很多乡勇也很聪明，他们不过旗，而是绕着旗逃跑。曾国藩气得都快吐血了，他居然跟江忠源一样投水自尽，幸亏被属下救了。

羞愤归羞愤，既然活下来就得好好活着，开心地活着。靖港一战，曾国藩大败，但为了鼓舞自己生存的信心，他居然在给咸丰的奏折里巧妙地把这次惨败说成小胜。曾国藩确实有人所不及的一面，他既不怕死，又很热爱生命，这样的人是无敌的。

湘军四虎将

靖港之战给曾国藩的打击很大，他原本以为自己很厉害，随便派两个人就能击败林绍璋，怎么亲自上阵反而效果更差？

他不得不反思了，问题究竟出在哪里呢？曾国藩后来总算想清楚了，自己不属于那种亲临战场第一线的人，自己不是李广，而是一个运筹帷幄的人。练兵你行，建立军制你也行，调兵遣将你还厉害，如果你连亲自上战场这样的事情都能干得出色，那你就是全才，但曾国藩并非全才。

曾国藩自己打仗虽不是很内行，但是用人这块他还是相当内行的。湘军中有四员虎将是曾国藩一手提拔的。

四虎首推罗泽南。罗泽南是曾国藩同乡，也是湖南湘乡人。曾国藩说他是湘军的创始人，一点没错。像这样一个百战百胜的武将并不是什么武夫农民出身，相反，罗泽南是晚清的一个大学问家，估计连曾国藩的理学功底都比不上他。

罗泽南出身于一个贫苦家庭，小时候靠借贷读书，生活的艰苦让罗泽南更加坚毅。他在饥寒交迫中完成了学业，可惜学有所成之前，母亲和三个哥哥全都病死了。正当可以通过教书养家糊口的时候，一直供自己读书的祖父和嫂子也去世了。命运对他的打击还不止于此，二十九岁的时候，罗泽南乡试归来，发现他妻子正对着三个儿子的尸体大哭。

接连经受这么多打击，罗泽南居然挺过来了。可能跟生活经历有关，罗泽南是一个非常上进的人，他不是沉默的大多数，他看到世道腐败、人心不古，但他没有选择麻木。他一心一意想拯救这个世界，这在今天看来既狂妄又迂腐，但确实符合儒家传统文人的心理。这就是罗泽南走向理学的原因，他想用理学来治疗这个遍地创伤的世界。

罗泽南虽然是曾国藩的下属，但实际上他保持着很大的独立性，而且曾国藩也非常尊敬他，公推他是湘军的鼻祖，没有他就没有湘军的成就。在中国传统社会里，打仗研究的是兵法，尤其是《孙子兵法》，罗泽南却特立独行，他不用兵法，他用理学的思想来打仗。

理学怎么可以用来打仗呢？我们来听听罗泽南自己是怎么说的吧："其实《大学》中有几句话早已概括了兵法之道：知止而后有定，定而后能静，静而后能安，安而后能虑，虑而后能得。"

其实罗泽南的意思很有道理，打仗是关系很多人身家性命的事情，一定得认真谨慎，绝不能陷入狂热和混乱中。"知止而后有定"说的是把握住事情的分寸，把握住分寸之后才能镇定，镇定才能心里平静，平静才能做出正确的决策和行动，然后才能胜利。

做人又何尝不是这样呢？罗泽南能够从《大学》中悟出兵法和做人的道理确实很不一般，这种人读书读出了境界，一通百通！

罗泽南曾告诉世人什么是有用的学问：“乱极时站得定，才是有用之学。”

湘军中第二大虎将是李续宾，李续宾是罗泽南的弟子。学者王闿运评价这对师徒说，罗泽南更多的是一个名帅，上阵杀敌还比不上李续宾，李续宾是当时天下第一名将。

李续宾以前是一个武夫，因仰慕罗泽南的名声而投靠到他的门下，成为罗泽南弟子后，李续宾也深受理学的浸染。

当时清军将领个个毛病一大堆，经常互相扯皮，喜欢看别人笑话。李续宾在这方面是个异类，他个性很开朗，人也特别好，跟同僚之间很少有“人际关系”的问题。谁如果需要救援，他一定在最短时间内赶过去，碰到了强敌总是自己挡在最前面。像这样一个人，就是再官僚作风的人也乐于跟他交往。

古人说的良将大概就是像李续宾这样的人，上上下下都夸他好，那是因为他肯卖命，又不在乎自己的得失。李续宾这人勇冠三军谋略过人心肠又好，像这样的人打着灯笼都难找，后面我们会看到他的精彩表演。

湘军的第三个猛人是胡林翼。胡林翼，湖南益阳人。在湖南的这些名臣中，胡林翼家境是最好的，他的父亲是个探花郎，而他呢，也很早中了进士。可能是因为出身于官二代，胡林翼早期很有些公子哥的派头。让胡林翼改变做人风格的是他的岳父陶澍，陶澍这个人在写道光时我们已经了解到，此人有丞相之才，善于识人。

胡林翼过着纨绔子弟的生活，陶澍不但不责骂他，反而对人说：“林翼这孩子将来是国家栋梁，会为国家鞠躬尽瘁，现在让他放松一下又有何不可呢？”

胡林翼听说这话，一改公子作风，变成一个为国为民的好官。胡林翼不仅有理政才能，也有打仗的智慧。

在湘军的这些牛人中，除了曾国藩外，胡林翼可能是对权术最有研究的人。李续宾也因此在曾国藩面前指责过，说胡林翼这个人待人有血性，但是也有不少的权术。曾国藩说，胡林翼确实喜欢玩弄权术，但他对你是真诚的。曾胡二人真是相得益彰，互相弥补。

最后一个猛人是彭玉麟。人如其名，彭玉麟是一个非常洁身自爱的人，很注重品行和名声。在湘军后期，随着胜利的逼近，军纪也变糟了，贪污腐败的风气在军队里愈演愈烈。彭玉麟自始至终保持着清高的本色，不仅不贪财，连朝廷赏赐给他的都不要。

值得一提的是，彭玉麟这个人不光会打仗，还是个书画家。据说彭玉麟最喜欢画的是梅花，他一生画了不少幅梅花图。

有人这么评价彭玉麟：千古一人，绘画堪比郑板桥，打仗不输周公瑾，诗词不亚苏东坡，爱国不逊范希文（范仲淹），用情高山流水。

西征军的落日

湘军一出手，太平军就尝到了失败的滋味。

湘潭的失败传到杨秀清的耳中，杨秀清的性格跟湖南人倒也有点像，他也是那种越挫越勇的人。杨秀清首先将林绍璋革职，然后严令石达开的哥哥石祥祯死守岳州，并派曾天养前去湖南。

曾天养是一员猛将，他很快开进湖南，攻破澧县，进攻沅陵县，与湘军对峙。石祥祯也收集溃勇，扩大势力，在湘西一带左冲右突，企图扩大根据地。

我们来说说曾天养这个人吧！曾天养是一个非常彪悍的将领，大家不要把他想象成中年人，他参加金田起义时就已经六十一岁。但这个人老当益壮宝刀未老，越是老年反而越不甘心一辈子这么平庸，很想干一件轰轰烈烈的大事。于是，他跟随洪秀全参加起义。

洪秀全对他是相当器重的，曾经让他当私人卫队的统领。曾天养的长相可能跟关云长有点像，目光深邃，胡须很长。虽然已经是个老人，但打起仗来比年轻人还勇猛，十几个年轻人都打不过他。曾天养这个人也确实很自恋，他把自己当成了再世关云长，为人处世处处模仿关羽。

曾天养也不是有勇无谋之辈，他来到湖南后，决定先采取骚扰战术引诱湘军分散，然后逐个歼灭。湘军刚刚开始的时候确实中计了，后来老谋深算的曾国藩识破曾天养的计谋，下令集中优势兵力反攻。

为了对付曾天养，湘军几乎出动了所有的名将，胡林翼、周凤山、塔齐布、江忠淑、罗泽南、李续宾等人都参加了这场战争。

湘军出动了两万人，在君山和雷公湖一带布置埋伏。太平军的水师首先中计，进入湘军的埋伏圈，水军本就是太平军的弱项，哪里比得上湘军训练有素。水师吃了败仗后，曾天养不得不放弃岳州，退守城陵矶。湘军水师顺利攻占了岳州城。

这里面就有一个问题了，曾天养自比关云长，怎么会是那种轻易放弃城池的人呢？其实，让他放弃城池的是石达开，石达开给曾天养下了一道命令，说岳州城估计是守不住了，你们可以退到下游，等候东王进一步的命令。也就是说，后退是石达开的权宜之计。

石达开作战有一个特点，就是喜欢智取，不喜欢硬碰硬。曾天养虽然执行了石达开的命令，但事后觉得很不舒服，居然不等杨秀清进一步的命令就下令收回岳州城。曾天养这次意气用事埋下了巨大的隐患，石达开在军队中的威望是非常高的，他不听石达开的命令，想指挥好一次战争恐怕很难。

最关键的是曾天养和曾国藩想到了同一个计策，就是激怒对方，引诱对方进入自己的埋伏圈，然后聚而歼之。结果，曾天养被湘军骂得火起，居然中计了，设计不成反而中计。

激战过后，曾天养大败，退到临湘。

武汉的韦俊、陈玉成这些人听说曾天养大败，只好匆匆赶过来支援，一起进攻岳州。援军到来之后，与湘军展开了大战。双方打得难分难解，还是湘军棋高一着，在天昏地暗之时又派出一支军队偷袭，终于打退太平军。

岳州防守战胜利后，曾国藩感觉麦子熟了，到了收割的季节。农民收割的是庄稼，曾国藩收割的是人头。

曾国藩对形势的估计仍然过于乐观，现在还不是攻取天京的时候。韦俊失败后，调集湖北的兵力到湖南增援，准备再次进攻岳州。太平军在象骨港这里全歼湘军水师一个营，给了曾国藩一个沉重的打击。

象骨港一战也激起了曾天养的斗志，他带兵偷袭塔齐布。塔齐布也是一员勇将，狭路相逢勇者胜。看到塔齐布在战场上驰骋纵横，曾天养忽然有种英雄相惜的感觉，他决定上战场跟他单挑，来个现代版的云长斩颜良。

曾天养提起长矛，奋力向塔齐布奔去。无论是湘军还是太平军都被这种气氛所震慑，大家都是草根，从小听惯了说书，今日看到双方主将想要单挑，个个欢声雷动，在下面呐喊加油，一时忘记了这是战场，不是演戏。

说时迟那时快，曾天养以迅雷不及掩耳之势冲了过来，一矛刺中了塔齐布的坐骑。因为速度太快，刺中之后，曾天养在惯性的作用下摔下马来。太平军还指望双方主将能下马单挑，倒是湘军机警，大家纷纷冲过去，割下了曾天养的脑袋。我们不要责怪湘军，曾国藩就是用高薪诱惑湘军卖命，有了曾天养的人头，这辈子都不愁吃穿了。

曾天养一死，太平军马上大乱，大家纷纷溃逃。

曾天养的牺牲是一个非常不好的征兆，对西征军的士气打击非常大。当然，也不能把后来西征军的失败全部归到曾天养的头上，西征军先后投入湖南的兵力多达四五万人，原本是想拿下湖南，却被曾国藩逐个击破。从战略上来说，杨秀清还没有足够重视湘军，最终让曾国藩集中优势兵力将西征军一步步耗掉。

战略的失败加上战事的失利让西征军最终失去了武汉，偷鸡不成蚀把米，湖南没有拿下来，反而要逐步丧失对湖北的控制权。其实，武汉的守军不少，有五六万人，但其中大多数是新兵，而湘军只有两三万人，但大多都是精锐，所以能在四十天之内拿下武汉这座大城市。

武汉失守的消息对杨秀清打击非常大，他下令将守将石凤魁和黄再兴押回天京斩首。太平军这边是屋漏偏逢连夜雨，拿下武汉后，清军将领塔齐布、罗泽南、李续宾等人又在田家镇击败秦日纲的部队，歼敌上万人，烧毁船只几千艘。至此，太平军在湖北已是强弩之末。

曾国藩立功不小，咸丰本打算至少给他一个湖北巡抚当当，但考虑到曾国藩是手握兵权的汉人，如果再让他当上巡抚，那是养虎为患，于是便赏给他一个三品顶戴的虚衔。

曾国藩倒也是个会做官的人，他不但没有怨言，反而感谢皇恩浩荡，要誓死报效国家。

曾国藩大战石达开

肃清湖北的太平军后，曾国藩一时之间也被胜利冲昏了头脑，他在给咸丰的奏折中得意地说，东南很快就会出现转机，形势很有可能扭转。

湘军上下比曾国藩更嘚瑟，大家都觉得太平军不堪一击，纷纷鼓噪着一举肃清江面，直捣天京。曾国藩也觉得是时候了，他在九江和湖口一带纠集部队，准备顺江摧毁太平军的防线，然后在天京城外和向荣会师，一同攻破天京城。

这个算盘打得很好，但是也有点虚。曾国藩首先应该估摸自己的实力，然后再了解太平军的实力，然而求胜心切，哪顾得了那么多。

曾国藩急命两大王牌将领塔齐布和罗泽南进攻，进攻的目标是太平军的后起之秀陈玉成。陈玉成是一个很有天赋的将领，不过太年轻了，他虽然用佯装撤退的计策击败了周凤山的军队，但是塔齐布和罗泽南同时过来袭击，被三路大军夹击，岂有不败之理。

秦日纲又在九江被击败，这时太平军呈全线溃败的颓势。秦日纲一路退到黄梅，黄梅县是湖北、江西、湖南三省的交界点，也是太平军的一个重要军事要塞。

秦日纲不断败退的同时，杨秀清也一再地对他表示愤怒，先是让石达开取得一切指挥权，接着表示，如果黄梅再丢了，决不轻饶。秦日纲也知道杨秀清是个什么样的人，如果黄梅丢了，自己的脑袋估计也保不住了。

秦日纲背水一战，为了打赢这场仗，他不断地加固防御工事。他在黄梅城外挖掘了许多巨大的梅花坑，深达丈余，里面布满了地雷和竹签。黄梅城的周围陷阱重重，滚石檑木一大堆，秦日纲自认为湘军这次怎么也不可能拿下黄梅城。

秦日纲千算万算，就是没有算到湘军有几十个细作潜入军中。这些细作冒充太平军，将城内外的布置弄得一清二楚，塔齐布对太平军的陷阱了如指掌。

尽管如此，秦日纲还是仗着坚固的防御工事屡次击败湘军。秦日纲没得意多久，湘军内外夹击，攻入城内，放火烧城，击败秦日纲。这次湘军付出的代价相对较大，死伤甚巨，猛将塔齐布也在战斗中受了重伤。

秦日纲和陈玉成退到宿松和太湖一带，两人都饱受挫折，心里留下了一点阴影，守着阵地死活不肯出战。

咸丰四年（1854 年）十一月初七，罗泽南率领四千人向濯港进发，遇上了罗大纲和赖桂英，太平军方面有两万人。罗大纲虽然也姓罗，但远不是罗泽南的对手。罗大纲自乱阵脚，居然分兵突围，结果正好被罗泽南拧紧一个拳头击败。罗大纲和赖桂英被击退之后，也学着秦日纲的样子，坚守不出。

由攻势转为守势，这是太平军最大的变化。

不是湘军太猛，而是太平军的士气正在不断下跌，这说明庞大的太平天国集团出现了问题。当你的敌人做得比你更好的时候，一定要注意学习别人的优点，在战场上尤其如此，在这一点上，以洪秀全杨秀清为代表的太平天国集团做得不够好。

不久，罗大纲在几支湘军的猛烈攻击下，损失很大，退到湖口。湘军锐气高涨，一鼓作气击败九江江面的太平军水师部队。

湘军完全收复了湖北。

太平军全部退到九江湖口，湘军近两万人也严阵以待，准备一举攻下九江和湖口。为了鼓舞士气，曾国藩亲自来到九江。

这边杨秀清比较悲剧，他对秦日纲非常痛恨，让石达开代替秦日纲主持西征军的一切军务。杨秀清当然很想一刀斩了秦日纲，但秦日纲毕竟是洪秀全的人，让秦日纲主持西征军事宜也是洪秀全的主意，打狗也得看主人呢。

杨秀清知道，如果长江上游的防线全部失掉，太平军就岌岌可危了。杨秀清让石达开统领西征军不只是为了表达对洪秀全的不满，而且是真切地希望他能够挽回败局。所以，杨秀清把新训练出来的几万新兵全部交给石达开。但石达开能不能力挽狂澜是个很大的问题，西征之前，太平军的势力很强大，水师部队也很庞大。现在水师部队几乎被摧毁，陆军屡战屡败，损失了不少人。

九江其实是一个无险可守的城市，但战略地位也很重要。清廷方面认为，南方的大局全在于长江，长江的关键全在于九江。石达开也是这么看的，守住了九江等于是为安庆和天京提供了保障，同时又能随时反攻，进攻其他省。

石达开这个人做事很有计划，在全军防守九江之前，他趁着湘军和秦日纲大战。从背后搞到了很多粮草，全都运往九江，准备在九江跟湘军来个大决战。

秦日纲也不是没有功劳，他的功劳就是为石达开赢得了充足的时间。石达开让自己的心腹爱将林启荣镇守九江，林启荣这个人前面提到过，还是有几把刷子的，打仗跟石达开很像，都是稳健保守派，都有一个宗旨：以最小的代价换取最大的收获。

林启荣是个防守天才，他居然用石达开抢到的粮食做成堡垒。他把糯米和黏土混合在一起，制造出黏性十足的堡垒，因为黏性十足，很适合抵挡炮弹的袭击，也会让湘军进攻时很纠结。

西征军水师覆灭，石达开知道要想打赢这场仗，还必须建立起一支水师，而且是更加精锐的水师。所以，他在安庆设置了造船厂，模仿湘军建设水师的经验，准备打造出一支像样的水军。

曾国藩指挥两万湘军攻城，但都被林启荣击退。林启荣不愧是得到石达开真传的人，防守密不透风，湘军将领童添云阵亡，罗泽南也受了伤，李续宾也讨不到好处。战事处于胶着状态。

石达开不愧是一个优秀的统帅，在防守九江的同时，他还在到处打劫湘军的粮草。盛衰之势极有可能扭转，湘军攻了一个多月，没有半点效果。石达开认为，战事越久对自己就越有利，时间一长，曾国藩必定心浮气躁，然后会更加急于求成，到那时或许就是出击的时候。

鄱阳湖那边的水战也正打得热火朝天，石达开知道湘军水师厉害，亲自指挥战斗。他发现湘军舰船有一个弱点，舰船虽然庞大，却很笨重，搏杀与移动主要靠舢板来完成，如果拿掉舢板等于是拔掉老虎的牙齿。

石达开故意撤走鄱阳湖口的水军，引诱湘军进入鄱阳湖。湘军果然中计，等湘军的舢板全部入湖，石达开下令封锁湖口，然后把湘军的大船小船分割开来，再派小舰艇去放火攻击，湘军的小船被歼灭之后，大船就只能坐以待毙了。湘军水师败退到九江，石达开下令趁着夜色进攻，同时袭击曾国藩的座船，杀掉船长，曾国藩差点成为阶下囚。虽然侥幸逃走，曾国藩羞愤交加，投水自尽，再次被部下救起。这都怪江忠源，开了一个好头，以后湘军将领打败了如果不自杀，仿佛觉得内疚似的。

这一战粉碎了曾国藩直取天京的计划，石达开终于挽狂澜于既倒，解救了天国的一次大危机。西征战场的胜利仰赖于杨秀清的运筹帷幄，杨秀清选择了石达开，石达开胜利了，证明了杨秀清决策之正确。

湖口之战后，石达开迅速占领江西的大部分地方，部众也扩大到几十万人。曾国藩带着湘军守卫南昌，此时南昌变成一座孤城，出于谨慎考虑，石达开并没有攻打南昌。石达开当然是担心损兵折将，但没有将曾国藩的湘军斩草除根，也是一个很大的失策。

门口拔牙

咸丰四年（1854 年），琦善病死，托明阿继任江北大营的统帅。

江南江北大营宛如天京门口的两颗獠牙，既随时威慑着天京，又能扼住太平军南侵的态势。向荣有事没事经常骚扰天京城，让杨秀清很头疼。

咸丰五年（1855 年），江苏巡抚吉尔杭阿进攻镇江。镇江和瓜州都是战略要地，向荣已经扼住了长江水路，如果镇江和瓜州失守，两路清军就会会合，直逼天京。杨秀清下令从南京调兵增援镇江，但全被向荣和张国梁等人击退。不得已，只好从长江上游调兵，命秦日纲为主帅，率领陈玉成、李秀成等人驰援镇江。这几个都是会打仗的人，秦日纲可能稍微差点，但陈玉成和李秀成挺能打的。

陈玉成很猛，他突破清军重重封锁，进入镇江，和城内太平军会师。三月十八日，太平军与清军、湘军激战了一天，大败敌人。但形势仍然不容乐观，陈玉成自告奋勇，要攻打江北大营，拿下扬州，解决粮饷问题。

陈玉成和李秀成不愧是猛将，轻松拿下了江北大营，攻克扬州。此时，石达开率领三万大军直逼江南大营。石达开先是引诱向荣分兵，然后秦日纲趁机包围吉尔杭阿，吉尔杭阿是条汉子，战斗到最后。咸丰愤怒之余，大大赞扬了吉尔杭阿勇于牺牲的精神，谥号“勇烈”，追赠其总督头衔。事后，连吉尔杭阿的尸体都没找到。

向荣反应过来时，匆匆赶过来支援，没想到迟了一步，镇江周围的清军营垒先后被攻破。向荣又被秦日纲打了回去，前有秦日纲，后有石达开，向荣这次估计是凶多吉少了。

这时，杨秀清又从天京城里调出精兵，三路大军合围向荣，终于攻破孝陵卫大营。向荣毕竟是一个老将，败也败得比较从容，沿途还不停地阻挡，最终被秦日纲击退。向荣到了丹阳后，终于安静下来，一安静下来，悲从中来，心想我勇猛了这么一辈子，最后被人追着打，没脸再活了。一个大男人，没有给脖子来一刀，反而拿着白绫上吊，说明在最后的日子里向荣的心情是抑郁的、悲哀的。

听说他自杀，咸丰也很悲哀，给他上谥号“忠武”，对外说他是病死的。

本来太平军形势一片大好，也就是在这个时候，天京城内正酝酿着腥风血雨。

第五章　这一年天京有血光之灾

这不，杨秀清过早地提出要跟洪秀全平起平坐，以天父的名义命令洪秀全封自己为“万岁”。洪秀全是什么反应呢？他心里一定非常吃惊非常害怕，虽然他知道这一天迟早会来，但来得太早了。他这时候担心的不只是自己的天王宝座，还有身家性命。杨秀清说出“万岁”时，洪秀全就知道已经到了生死存亡的关头了。

天王恨东王

太平天国领导层的矛盾由来已久，在广西时就已埋下了隐患。

洪秀全一直是太平天国名义上的领导者，实际权力掌握在杨秀清的手中。杨秀清则依靠过硬的行政能力和军事天赋，成为仅次于洪秀全的二号人物。当年冯云山设立了一种架空天王的制度，我们很难想象冯云山是为杨秀清准备的，他最开始肯定还是为了大权落到自己的手中，只是杨秀清后来居上，在天国中的影响力越来越大，成为公认的领袖，冯云山也只好承认杨秀清的领导地位。

杨秀清和洪秀全虽然是一个阵营的，但穿的并不是同一条裤子，两人的政见和做事风格可以说是截然相反的。鉴于洪秀全悲剧的科举历程，他对儒家有很深的仇恨，想要打倒所有的孔家店。杨秀清虽然没有读过书，也许正因为没读过书，对孔孟之道没那么多的仇恨，他更看重读书人的作用，所以很反感洪秀全的“灭孔”运动。

为了阻止洪秀全“焚书坑儒”，杨秀清假装天父下凡，要洪秀全立即停止这种自戕的行为。洪秀全不甘心，但也不能不住手。洪秀全也是一个很偏执的人，杨秀清如此不给他面子，他心里自然恨不得将杨秀清千刀万剐。

这还只是个开始。

一天，杨秀清与韦昌辉等人商讨政事的时候，洪秀全的几个女官也在这里。杨秀清突然倒地，站起来时已经是天父了，天父说洪秀全已经变得专横跋扈，经常虐待身边的女官。接着，天父对这四个女官说，你们以后不要伺候天王了，到东王府伺候东王吧！

杨秀清这是干吗呢？可能是这四个女官长得比较漂亮，他垂涎美色；也有可能是这四个女官很有才能，东王日理万机，需要她们帮忙。但这么做等于羞辱洪秀全，难道杨秀清不知道？

杨秀清当然不是不知道，而是此时他觉得已经没必要忌惮洪秀全了，军政大事全操于他一人之手，而且他在天国里的威望已经很高。此时，倒是洪秀全非常忌惮杨秀清。

如果说虐待女仆确实有错的话，那么杨秀清指责洪秀全四岁的儿子恣意妄为就有些过分了，一个小孩，在雨里玩耍，杨秀清却说这种行为过于放纵，为了防止他将来虐待子民，必须禁止。

当然，洪秀全虐待妇女是事实，洪秀全生气的时候，曾经一脚踢伤怀孕的妇女，导致其流产。

杨秀清当然也不是一味地以天父的身份批评洪秀全，他也曾以下属的身份建议洪秀全，洪秀全往往听不进去。每逢这时候，杨秀清就玩起天父下凡的游戏。杨秀清这么做当然让洪秀全很难受，但对于天国的稳定还是有好处的，因为洪秀全是一个性格粗暴的人，处事方式也非常简单，看不惯的不喜欢的就杀，杨秀清做事要认真谨慎得多，这样就避免了许多冤狱。

在对待男女分营的事情上，洪秀全是一个非常固执的人，杨秀清从人性的角度很反感这样，他觉得革命虽然重要，但也不能泯灭人伦，男女之爱是人的天性，所以应该禁止男女分营，允许他们每隔二十天或是三十天回家跟妻子团聚一次。杨秀清还建议不应该把象征帝王的“龙”打入妖魔鬼怪的行列，洪秀全是个反传统的人，所以龙在他眼里也是妖魔鬼怪中的一个。而杨秀清却认为龙是中华的象征，不应该将其打入妖魔鬼怪的行列。

也许是迫于形势，洪秀全公开赞扬杨秀清坦诚、无畏、忠实，所以应该被尊为“劝慰师”和“圣神风”，所谓的“劝慰师”和“圣神风”就是三位一体中的圣灵，估计洪秀全这么做也是无奈的。

如果说洪秀全是天父的儿子的话，那么杨秀清似乎正在步步高升，要把天父的儿子从天国的宝座上挤下来。用今天的话说，杨秀清是一个非常上进的人，已经是二把手的人，再往上爬，洪秀全岂不要从顶端摔下来？

咸丰三年（1853年）十二月，杨秀清通过几次天父附体，羞辱洪秀全的两大心腹——韦昌辉和秦日纲。杨秀清有时闲得无聊，就会突然倒地，然后让侍女去传唤韦昌辉。韦昌辉到了之后，必须五体投地听杨秀清训诫。杨秀清坐在轿子里，韦昌辉必须在一旁恭敬地当个跟班。就连杨秀清的奴仆都可以把韦昌辉玩得团团转。秦日纲的处境也好不到哪儿去，他甚至还要为东王抬轿子。

也正因如此，韦昌辉和秦日纲对洪秀全更加依赖，他们知道只有这个人能够帮自己除掉杨秀清，至少名义上是这样的。私下里，韦昌辉经常跟杨秀清唱对台戏，杨秀清曾建议洪秀全要节俭，干吗弄那么多龙袍。韦昌辉却对洪秀全说：“天王大哥，你现在富甲天下，龙袍当然是越多越好。”

后来，杨秀清知道了这事，洪秀全出来打圆场：“秀清就是古代敢于直言的正直大臣啊，昌辉只是心疼我这个做哥哥的，你们两人都是爱我啊，只是方式不一样而已。”

对杨秀清来说，他是容不下有人再称王的，韦昌辉虽然是北王，但在他眼里也只是一个跟班的。杨秀清只想在太平天国内部建立一个四人领导集团，这四人中除了他自己和洪秀全，其他两个都是不存在的。一个是长兄耶稣，一个是三哥冯云山，洪秀全是老二，杨秀清是四弟。

毫无疑问，太平天国已经分化为两个阵营。以杨秀清为首的一派，他们的目的是一统江山，再创盛世；以洪秀全为首的一派更多的是关注既得利益，为了既得利益，韦昌辉和秦日纲这些人聚拢在洪秀全周围。

杨秀清曾以上帝的口吻说过这样的话：“千古英雄不得除，流传全仗笥中书。”意思很明显，就是让洪秀全珍惜文化和典籍。

杨秀清清楚地看到，走向传统文化的对立面只会威胁天国的事业。杨秀清的看法是对的，当时有很多人对太平天国的统治不满，有读书人，也有一般的劳苦大众。所以，曾国藩拿太平天国毁坏传统的事情大做文章。

咸丰五年（1855 年），杨秀清已经病魔缠身，躺在床上的时候他也不忘日理万机。杨秀清每次扮演天神下凡时，排场越来越大，他的家属和部属地位已经非常高了，大家整整齐齐排列在宫殿里。杨秀清如果要出巡的话，所有人必须在宫外提前一两个时辰，恭敬地等候在那里。有时候连洪秀全也不得不跪在天王府门口恭候杨秀清的到来，如果杨秀清不想亲自动身的话，洪秀全还必须跑到东王府听候圣旨。

到此时，洪杨二人之间虽然表面上风平浪静，事实上已经到了你死我活的地步了。自古一山不能容二虎，权力斗争从来没有双赢机制，双赢只存在于现代的商业和政治活动中。

杨秀清往权力路上奔走之时，韦昌辉和秦日纲最辛苦了。如果杨秀清心血来潮，半夜天神附体，韦昌辉必须连夜赶到东王府，倘若迟到一分钟，杨秀清就让人用板子伺候韦昌辉。堂堂一个北王，落到这步田地，我们可以想象他心里的怨恨。

洪秀全把秦日纲提拔为燕王，后来因为西征失利，又被杨秀清废掉了。

借刀除东王

杨秀清是太平天国里唯一一个将军政大权掌握在手中的人，之前和之后都没有人做到这一点，包括洪秀全除掉杨秀清后，他也没能将权力都控制在手中。在军事方面，杨秀清拥有最高的裁决权，哪怕他生病时也是这样。可能在政务上有些事情他还得跟洪秀全打声招呼，但在军事上他说一不二，前方将领任何大的军事行动都出于杨秀清的决策。

北伐和西征都是杨秀清一手做出的决策，北伐是失败了，但震动了清廷的统治中心。西征也遭遇了重大挫折，但杨秀清临时易帅，终于挽救了危局。这一系列军事行动都证明了杨秀清卓越的战略眼光，湘军在西征战场上溃败，围困天京的清军大营也被一一攻破，心力交瘁的猛将向荣最终一命呜呼。

胜利很容易激发人的野心，洪杨二人之间的矛盾本来就找不到出路，随着杨秀清威望的提升，两人的矛盾加速激化。洪秀全不可能退位，而杨秀清也不可能把自己辛辛苦苦建立起来的基业拱手让人。

本来九千岁和万岁只隔了一千岁，一个台阶而已，但杨秀清受不了。他很希望跟洪秀全平起平坐，杨秀清也是一个权力欲望很强的人，有时候欲望一强，难免就会过于心急。

这不，杨秀清过早地提出要跟洪秀全平起平坐，以天父的名义命令洪秀全封自己为“万岁”。洪秀全是什么反应呢？他心里一定非常吃惊非常害怕，虽然他知道这一天迟早会来，但来得太早了。他这时候担心的不只是自己的天王宝座，还有身家性命。杨秀清说出“万岁”时，洪秀全就知道已经到了生死存亡的关头了。

此时，朝政已完全控制在杨秀清手中，军事大权、司法大权完全由他掌控，前方将领也多听从杨秀清指挥。杨秀清如果要杀掉洪秀全，只是举手之劳，甚至连举手都不用，只需说一句话而已。杨秀清为什么没有杀洪秀全，以至于最后反被洪秀全杀了呢?

可以这么说吧，杨秀清没想过要杀掉洪秀全，也许他真实的想法是逼洪秀全退位。作为一个政治家，杨秀清很清楚地知道，如果干掉了洪秀全，天国的这些把戏全都要穿帮，一旦这些统治的神话破灭，天国就会元气大伤。神话一旦穿帮，杨秀清能不能稳住局面，连他自己都不知道。所以，他要做的是跟洪秀全平起平坐，一个天国，两个万岁。杨万岁在前台掌权，洪万岁在幕后享乐。

为了给自己造势，杨秀清在太平天国的科考中出了这么个题目:《四海之内有东王》。而且这年春节，杨秀清还在自己的家门前挂上对联:参拜天父，永为我父;护卫东王，早做人王。这已经是非常赤裸地索要权力了，洪秀全只能答应封他为万岁。与此同时，洪秀全也在密谋除掉杨秀清。洪秀全知道，这次博的不只是权力，还有身家性命。

杨秀清早已把韦昌辉和秦日纲这些人支到前线去了，洪秀全要除掉杨秀清必须把这些人召回，这是一项高难度的动作，因为天京城内到处都是杨秀清的密探。

为洪秀全送信的还有一个爱尔兰人，爱尔兰人拿了一笔丰厚的钱财，跑到秦日纲的大营里，将天京的事情和盘托出。根据爱尔兰人的描述，杨秀清神灵附体时，洪秀全都要匍匐在地上。杨秀清曾经声色俱厉地问洪秀全:“你打江山，多亏了何人?”洪秀全说:“四弟。”杨秀清又问:“你既然知道四弟有大功劳，为什么不封他万岁呢?”洪秀全说:“应该封四弟为万岁。”杨秀清问：“东王世子也只是千岁吗？”洪秀全说：“东王子孙后代都是万岁。”

据说杨秀清后来也觉得自己做得有些过分了，称自己是万岁，洪秀全是万万岁。这个爱尔兰人还说杨秀清虽然很跋扈，但确实是一个有魅力的领导人。

洪秀全自己手中没多少兵，就一些亲兵，靠这些人没法除掉杨秀清，但韦昌辉、秦日纲、石达开手中有兵啊！韦昌辉受了杨秀清不少气，最难堪的是有一次韦昌辉的士兵闹兵变，杨秀清当众打了韦昌辉几百军棍，差点把他打残。挨打之后，韦昌辉还说东王依法办事，赏罚分明，让人心服口服。还有一次，韦昌辉的哥哥跟杨秀清的小舅子争地皮，韦昌辉居然把自己的哥哥五马分尸。韦昌辉也是厉害的角色，把刀悬在心里，隐忍功夫很厉害。

秦日纲是跟着韦昌辉混的，同样对杨秀清恨之入骨，洪秀全选择这两人是没错的。但选择石达开就有问题了，石达开虽然也有理由恨杨秀清，因为之前他的岳父黄玉昆得罪了杨秀清，被杖打三百，革职查办。但是，杨秀清又很器重石达开，石达开跟杨秀清的关系到底怎样非常难说。

根据史料记载，石达开是反对洪秀全诛杀杨秀清的，他跑到天京来阻止，可惜为时已晚。世人称石达开为奇男子，他奇特的地方，并不仅仅在于凌迟的时候泰然自若一声不吭，还在于这个人的心思不可捉摸。除了岳父被打之外，他跟杨秀清没什么大的矛盾，两人之间更多的是明主和良将的关系，这也是为什么他被捕后没有说杨秀清一句坏话，后来又请示洪秀全诛杀韦昌辉和秦日纲。

但石达开也有想法啊，他手握重兵，东王一旦被杀，没有人能控制得了他。他就可以取代杨秀清的位置，然而，杨秀清既然被杀，难保他以后也不被杀，所以他是很矛盾的。加上世人普遍认为石达开的性格优柔寡断，所以我们很难断定他对诛杀杨秀清的真实态度，但仍然能找到一些蛛丝马迹。

杨秀清器重石达开是大家都看到的事实，大家看不到的是杨秀清很有可能对石达开非常猜忌。没有证据表明杨秀清对石达开非常猜忌，但是我们可以做出合理的推测，石达开是诸王之中兵权最重的一个人，也是能力最强、威望最高的大王，能力和地位仅次于杨秀清。杨秀清也许看不起洪秀全，但他一定忌惮石达开，他不敢对洪秀全动手的一个重要原因就是怕激起石达开叛变。

杨秀清的猜忌心非常重，韦昌辉和秦日纲被他折磨得死去活来，石达开也担心杨秀清将来有一天会这样对自己。石达开被俘后写了个《自述》，在《自述》中他有两点歪曲事实：一、他说洪秀全主动诛杀韦昌辉，其实是他以兵权威胁洪秀全诛杀韦昌辉；二、他说洪秀全是主动封杨秀清为万岁，韦昌辉不服气，所以诛杀了杨秀清，其实是杨秀清逼宫，洪秀全借刀杀人。

石达开为什么要歪曲事实呢？他这么做的目的无非是说

天京事变跟自己没关系，由此可见，石达开很可能也参与了密谋杀害杨秀清的计划，或许他中途又反悔了。

咸丰六年（1856 年）九月一日深夜，韦昌辉带领三千太平军抵达南京，这些士兵全都跟随他多年，忠实可靠。秦日纲已经在天京城内，他驻扎的地方离天京不远，之所以按兵不动，是在等待韦昌辉的到来。

韦昌辉到了以后，大家在洪秀全家里开了一个会，商议好了，只杀杨秀清一个人。与会者一致认为，在天京城内有六千人是完全忠于杨秀清的，如果等他反应过来，行动会很不便，所以应该尽快下手，杀杨秀清一个措手不及。至于石达开那边，以后再说。

东王府的人听到韦昌辉深夜敲门，以为有紧急军情，便打开大门。韦昌辉进来以后，大手一挥，士兵们一下子涌进来，见人就杀。

士兵们终于到达了杨秀清的寝宫，杨秀清很吃惊，他发现今天的韦昌辉已经不是往日的韦昌辉了。他满脸是血，眼睛通红。仇人见面分外眼红，杨秀清知道大事不妙，还没等他反应过来。韦昌辉已经举起手中的钢刀，只听咔嚓一声，一代枭雄杨秀清的人头就被捏在韦昌辉的手中。

韦昌辉溅了一脸的血，看着手中这个血淋淋的人头，他心中全是复仇的快感，丝毫没意识到死神已经在身后。

太平天国大地震

东王府的人被杀得一干二净，但是杨秀清还有很多忠实的部下，他们如果知道杨秀清被杀的话，很可能会叛变，到时天京城就会变成战场。

如何处理这件事呢？洪秀全找韦昌辉商量：“昌辉，你还得再付出一次，东王的下属肯定很愤怒。我只好假装痛斥你滥杀无辜，对外界说当众打你五百棍，然后再把你处死，用这个理由邀请东王的下属来观刑，他们一定不会拒绝的。”

韦昌辉阴险地问：“天王是想等他们来了，再把他们一网打尽是吧？”

洪秀全笑道：“昌辉，我没有看走眼，你是很有潜力的。”

行刑的场所就在天王府内，之前就有规定，进入天王府的人一律要交出兵器。东王的部下乖乖地交出兵器，大家恨透了韦昌辉，只想看到他被千刀万剐，完全没有想到这是一条毒计。这六千人进去以后，连韦昌辉的影子都没看到，就在大家感觉出什么事的时候，脚底下的炸药忽然炸开，接着一群士兵拿着刀枪冲了过来。

尸体，全都是尸体，东王的人马已被彻底清除了。论理，洪秀全应该放心了吧！

还不行，必须在全城搜捕杨秀清的亲信，一个也不能放过。两万多人死于这场屠杀，到最后参与屠杀的已不只是韦昌辉，洪秀全出动了天京城内的士兵。

屠杀完成后，石达开终于赶到天京，老实说他非常吃惊，他万万没想到洪秀全和韦昌辉做事会这么绝。石达开当面指责韦昌辉滥杀无辜，他这么做不一定是为杨秀清鸣不平，而是他清楚地看到，这么做是在自取灭亡。

韦昌辉自然很恼火，他认为石达开是杨秀清的人马，或者已经投向清廷。不过这时韦昌辉还没有要杀掉石达开的意思，他还想笼络石达开。韦昌辉本来和石达开是竞争对手，都是王，如果韦昌辉头脑正常，就不会想笼络石达开，而是要想办法除掉他。

韦昌辉的头脑很正常，他之所以这么做是因为他有了不一样的想法，他想取代洪秀全成为最高领导者。要除掉洪秀全，还得打败清军，他不能不笼络石达开。

但石达开是一个自视甚高的人，哪受得了韦昌辉这样专横的人。这时石达开才知道自己处境很危险，韦昌辉和洪秀全这么残忍，一定不会放过自己。石达开的一个部下建议他快点逃，正如部下所说："再晚了就来不及了。"

石达开也是一个聪明人，连夜逃出天京城，他不敢走正门，让人从上面放个绳子，慢慢滑下城。堂堂西征军统帅，逃走的时候这么狼狈，由此可见，当时天京城局势之恐怖。

听说石达开逃走，韦昌辉气得咬牙切齿，杨秀清死后，石达开是军中威望最高的人，他逃走就代表不想配合。韦昌辉杀人上瘾，请求洪秀全让自己诛杀石达开全家，洪秀全立即同意了。

洪秀全做事还是很有头脑的，让韦昌辉杀石达开全家，还让秦日纲去追杀石达开。秦日纲没追杀到石达开，韦昌辉倒是把石达开全家杀得一干二净。

石达开逃到安庆后，洪秀全才意识到，现在石达开是最大的军阀，他坐拥几十万大军，比杨秀清的威胁性更大。如果石达开要造反，几十万人大半都会跟着他，因为石达开在太平军中名声最好。

果然，石达开在安庆点兵，扬言要杀回天京，平息叛乱。洪秀全听说这事，立即慌了，做出姿态谴责韦昌辉："我本来没有杀东王的意思，是你逼我这样做的，就算杀了东王，他的下属也是无辜的，你把他们全部都杀了。你这样做让我很心疼，如果不是天父仁慈，我岂能轻饶你。"

韦昌辉一听，愤然反击道："我为你除掉大害，你利用了我，现在反而沽名钓誉指责我，你当我是任人宰割的牛羊啊！"

洪秀全一听，脸色骤变，心想你这个白痴，我这是在救你，看你这样子迟早都会反，不如杀了你，还可以笼络石达开。

等韦昌辉走后，洪秀全立即让人拟旨，下诏捕杀韦昌辉。韦昌辉听说后，气得头顶冒烟，直想一刀戳穿洪秀全，立即带领手下的三千精兵围攻天王府。洪秀全早料到他会狗急跳墙，早早关闭了王府的大门。洪秀全是个多疑的人，所以天王府修得坚固如铁桶，怎么攻都攻不破。

就在韦昌辉心急火燎的时候，天王府里忽然冲出一群卫兵。韦昌辉的精兵被这些卫兵击溃，韦昌辉等人狼狈不堪地逃到北王府。

这时，洪秀全从王府中走出来，呼吸了一口新鲜空气，下令全力围攻北王府。韦昌辉看大势已去，已不可能推翻洪秀全，便带着几个亲信逃出王府，想悄悄溜出城。韦昌辉逃到城门口，遇到巡逻兵，偏偏他又回答不出口令，被人捆绑起来，押到天王府。

洪秀全根本不想见韦昌辉，只是下了一道命令，将韦昌辉五马分尸。分完尸之后，又让人把韦昌辉的尸体割成无数小块，挂在城楼上，写着："北奸肉，只许看，不许取。"做完这一切后，洪秀全让人把韦昌辉的人头寄给石达开。石达开仍然不满足，他给洪秀全写了一封信，让他诛杀秦日纲。

洪秀全无奈，只好继续诱捕秦日纲，将秦日纲的首级也送了过去。收到这两人的首级，悲痛中的石达开总算稍感安慰。

咸丰六年（1856年）十二月，石达开抛开仇恨，带领部分人马进入天京城。在天京，石达开受到英雄般的待遇，人们朝他扔鲜花，欢迎他的到来。

洪秀全见到石达开后，泪流满面，悲愤地控诉自己被韦昌辉"挟持"的经历，他说如果没有韦昌辉，这一切都不会发生，东王不会死，你的家人也不会……

石达开只能安慰洪秀全："天王，不要这样，过去的事就让它过去吧！"

对这起内讧，天国高层讳莫如深，大家都不说事实，都说东王是赎罪期到了，跟着耶稣一样归天了。将东王死的这天定为"东王升天日"，即使韦昌辉、秦日纲这些人，大家也不说他们被诛杀，而是说死了，一不小心死了。

虽然高层封锁消息的能力值得肯定，但这起事件就像大地震，波及整个天国控制的区域，连不被天国控制的区域都受到了影响。百姓纷纷说："天父杀东王，江山打不通。长毛非正主，依旧让咸丰。"太平军的一些士兵说："天父杀天兄，终归一场空。打起包裹回家去，还是做长工。"

太平天国的很多人是真的相信上帝，相信洪秀全是上帝的二儿子，相信杨秀清是天父的代言人。但现在他们崩溃了，北王杀掉了代言天父的东王，天王又杀了北王，这一切到底是怎么回事？

为了补救统治危机，洪秀全开始追封杨秀清，把他塑造成高大全式的完美人物，甚至亲自写诗讴歌东王："七月念七东升节，天国代代莫些忘。"洪秀全还把自己的儿子过继给东王，称为幼东王。这些举动当然全是作秀。后来洪秀全领导的太平军与清军湘军交战时处处挨打，洪秀全才真心想起杨秀清的好。

天京事变是一场毁灭性的政变，从此太平天国无奈地走向下坡路。这次政变，杨秀清手下两万多人被杀，这些人不是精兵强将，就是高级参谋，都是太平天国的中流砥柱。他们集体被杀，导致太平天国整体实力急剧下滑。

在天京事变爆发前，整个战略形势对太平军是有利的，当时清军驻扎在天京附近的江北大营和江南大营都已拔去。石达开又击败了湘军，控制了安徽、江西和湖北，随时可能打入湖南，击溃湘军。太平军已经掌握了战场的主动权，只要拿下浙江和江苏等地，就等于握住了天下粮仓。

事变之后，曾国藩得到喘息之机，迅速调整部队，准备反攻。

第六章　太平天国的覆灭

石达开虽然名义上仍然尊洪秀全为“天王”，但内心深处他已经跟洪秀全恩断义绝。洪秀全看石达开出走后，几十万人跟着他，心里很慌，急忙革去两个哥哥的王爵，希望石达开能浪子回头。石达开毫无反应，从他出走的那天起，他就没打算再回天京，如果要回去的话，估计也是兵临天京城。

石达开出走

太平天国的这些首脑一个个被除掉后，洪秀全非常没有安全感。用现在的话说，领导与下属之间遇到了信任危机。

洪秀全觉得外人都是不可靠的，只有自己的家人才是可信的，他首先提拔自己的两个哥哥：洪仁发和洪仁达。整个天国只剩下石达开一个王了，洪秀全觉得完全可以给两个哥哥封王，便封洪仁发为安王，洪仁达为福王。在洪秀全后来提拔的亲属中，只有族弟洪仁玕有才能，其他人大多是脓包。

洪秀全担心石达开有意见，想进一步提拔他，封他为翼王，也就是说在诸王之中，现在你地位最高。但石达开居然拒绝接受这个封号，洪秀全有些难堪，因为他不知道石达开心里在想什么。石达开不领情，洪秀全也不为难他，仍然称他是翼王，但加上了“圣神风”的封号。

说实话，石达开对洪秀全大封家人的做法很不满，在他看来，要当王首先得有能力。此时，石达开还待在天京城，今非昔比，家人被杀光之后，石达开一直闷闷不乐。虽然他现在总揽军政大权，但没有丝毫的高兴，经常一个人孤零零地想心事。

洪秀全安排两个哥哥当王就是用来牵制和监视石达开的，根据李秀成的说法，石达开就是因为这个负气出走的。

咸丰七年（1857 年）夏天，石达开带着亲信部队离开天京城。所到之处，他对大家说自己是继续西征，报答天王隆恩。石达开这次出走直到死，再也没有回到天京。

石达开出走时，带的人并不多，只有几千人，但是他途经安徽、江西、湖北时，部众已经有十几万人。

石达开在出走前后有一个明显的变化，就是打仗的水平直线下降，前期他是清军眼里头号难对付的人，但是到了后期，曾国藩将他定为二等敌人，反而把陈玉成、李秀成这些后起之秀看成头号敌人。到最后，曾国藩和左宗棠这些人甚至认为石达开是个徒有虚名的将领。

石达开出走后洪秀全更加不信外姓将领，用李秀成的话说：“人心改变，政事不一，各有一心。主上信任不专，因东、北、翼三王弄怕，故未肯信外臣，专信同姓之重。”

如果石达开没有负气出走的话，太平天国未必会失败，清军方面的情况也好不到哪里去，他们士气低落，这时候捻军又在安徽起义，成立了大汉国。贵州有苗人起义，广东有天地会拉起造反大旗，福建的小刀会也浑水摸鱼……

如果太平天国能够挺住，清廷没有不倒之理。此时清廷已到了内外交困的危险时刻，全国各地都有起义，这些起义打乱了清廷的部署，让清廷无法对天京组织统一的大规模的军事行动。而且咸丰政府跟英国的关系也越来越僵，处于高度戒备状态。

更糟的是清廷的财政已经到了捉襟见肘的地步，咸丰不得不命令内务府停止购买丝绸和瓷器，取消八旗子弟的财政补贴。就像周天子后来穷到要把象征最高权力的鼎熔化一样，咸丰也让人把金钟、铜器熔化，做成制钱，开源节流，一切可以想的办法咸丰都拿来用了……

石达开出走不光是因为受气，主要还是怕重蹈杨秀清的覆辙。他已经听说洪仁发和洪仁达在洪秀全面前告状，说自己的坏话，洪秀全似乎动了杀机。

石达开这一出走，在十二个省之间转来转去，打仗反倒是业余的职业了。这也难怪，天京事变家人被杀，他心情很不好，确实需要旅游散散心。

石达开虽然名义上仍然尊洪秀全为“天王”，但内心深处他已经跟洪秀全恩断义绝。洪秀全看石达开出走后，几十万人跟着他，心里很慌，急忙革去两个哥哥的王爵，希望石达开能浪子回头。石达开毫无反应，从他出走的那天起，他就没打算再回天京，如果要回去的话，估计也是兵临天京城。

一路上，也有一些将领嚷着要回天京城，人们眼中优柔寡断的翼王非常果断地杀掉这些将领。由此可见，石达开这次是真的不打算回到天京了。

石达开不高兴，曾国藩就高兴了，他让师爷李元度给石达开写一封劝降信。这位师爷的文采相当好，洋洋洒洒几千言，借古讽今，告诉石达开造反是不会有好下场的，如果能弃暗投明的话，仍然不失英雄本色。

李师爷恩威并用，将利弊和形势剖析得鞭辟入里，甚至用楚王项羽的例子来吓唬他，想当年这个项羽力拔山兮，最后还是乌江自刎。你再看看你，如果你一旦失势，不就是一个不能自保的匹夫吗？放下武器，投靠清军，可保全家性命和富贵；坚持抵抗，只会招来灭顶之灾。

石达开看到这封信，陷入了沉思中，然后信笔写下了一个“难”字。确实很难，石达开现在是太平军中威望最高的人，大家都对他寄予厚望，希望他能振兴天国，再造以前的大好形势。如果他投降，不但辜负了众人的一片期望，还会落下千古骂名，甚至有可能激起叛变。

翼王断翅

以前，石达开打得曾国藩几次想跳水自杀，现在石达开好像锐气尽损，手中有几十万大军，居然屡屡吃败仗。石达开先是攻打浙江衢州受挫，衢州守军只有一万人，石达开却没占到半点便宜，反而被清军袭击，损失几千人。清军援兵陆续赶到衢州后，形势对石达开更不利，石达开不得不全线退出浙江。

石达开打算转战福建，与太平天国后期的另一个重要将领杨辅清会师。石达开一路艰难地到达福建，杨辅清以前是杨秀清的老部下，对石达开的遭遇颇为同情。但是两人见面之后情况有了微妙变化，石达开正不断走下坡路，而杨辅清风头正劲。石达开受不了他功高盖过自己，想除掉杨辅清，兼并他的军队。杨辅清也是一个老练之人，感觉到石达开的杀机，带着七万人连夜逃走。

逃走之后，杨辅清又效命于洪秀全，当然他对洪秀全也不是真心的，东王被杀后，他在福建鼓吹造反，打回天京。现在形势不同，靠着大树好乘凉。

石达开准备在福建发展，打出一片坚固的根据地，但是清军和乡勇联手起来，让本已心力交瘁的石达开疲于应付。石达开觉得福建不好待，决定去江西那边看看。后来听说江西那边暴发了瘟疫，石达开便在福建滞留了一个月。这一停留，给了清军时间，周天培等人赶到福建袭击石达开，石达开又吃了败仗，士兵如惊弓之鸟，四处逃散。

石达开带领部队义无反顾地窜入江西，冲过重重包围，终于到达了瑞金。石达开在江西大规模征兵，然而江西也很难发展下去，因为这里大部分被湘军控制。

江西待不下去，石达开选择攻打湖南。进入湖南后，石达开一路攻城略地，直抵宝庆府。湖南人做事打仗都有一股蛮劲，而这点恰恰是石达开缺乏的。

宝庆会战是太平天国战史中一次大规模的战役，也是极为惨烈的战争。宝庆地势险要，城池坚固，民风彪悍，能不能拿下宝庆可以说是石达开后期军事生涯的一个转折点。石达开的军队有十几万人，湘军有四五万人。太平军这边的总指挥是智力和魄力都在不断下滑的石达开，湘军的指挥是智力不断上升的曾国藩和胆识勇气不断增长的左宗棠。

最关键的是湘军占据地利，粮草充沛。石达开虽然拥有雄兵十几万人，但消耗太大了，而且是一支流动军队，战事一旦僵持，太平军必败。

事实正如曾国藩所料，石达开伤不起也耗不起。石达开气势汹汹地过来，留下一大堆尸体，大多数是自己这边的，然后狼狈不堪地离去。

随后，石达开转战桂林，仍然没能攻克。

咸丰九年（1859年）底，石达开终于时来运转，攻下庆远府，他把这里命名为“龙兴”，大有东山再起一展宏图的意思。可惜，好运已经离开了石达开。咸丰十年（1860年）三月，石达开进攻百色，这一次损兵折将将近十万人。

失败还不是最残酷的，比失败更残酷的是，军队人心涣散，不少将领闹着要离开。石达开绝不容许这样的事情发生，虽然他一向是个比较仁慈的人，但处理这种事情也毫不手软。杀掉了几个将领，勉强稳住了形势。

这一年石达开刚好三十岁，刚步入中年，本来是年富力强的时候，可他的心情却非常低落。在将领们的建议下，石达开又进攻南宁，拿下南宁之后，将士们强烈要求他回天京主政。石达开烦透了，表示自己不可能回天京。将士们漂泊在外，没有归宿感，而且一直这样，心里也很不踏实。

彭大顺和朱衣点等大将居然带着十几万人脱离石达开，想一路杀回天京。这些人要么中途被清军歼灭，要么投降清军，要么在江西和李秀成的部队会合。

石达开受此打击后，更加一蹶不振。心灰意懒之中，他对部将说要“归隐山林”。这当然是不可能的，即便太平军允许他退隐，清廷也不允许。

咸丰十一年（1861年），石达开离开广西，再次回头攻打湖南。行军的路上石达开的情绪一直很低落，甚至都懒得约束部下，任由他们一路劫掠，也许石达开已经意识到自己的败亡了，所以他懒得去阻止。

到达湖南时，石达开的部队又有二十多万人，当然这些部队的战斗力远远比不上过去了。大量的精英流失，一些新招募的士兵又没纪律。

同治元年（1862年）六月，石达开攻破长宁。次年春，石达开兵分三路进攻四川。三路大军中赖裕新首先出师不利，在中州坝阵亡。李复遒也很不顺利，遇到清军的阻击，不得不折返到贵州和云南。石达开率军到贵州乌江渡口时，写下了一首诗：

垂翅无依鸟倦飞，乌江渡口夕阳微。
穷途纵有英雄泪，空向西风几度晖。

写这首诗时，石达开已经有了不好的预感，这大渡河就是石达开的葬身之地。石达开的部队驻扎在大渡河边的紫打地，本来应该早点渡河，孙子说“兵贵胜，不贵久”，打仗不是旅游，肯定不能慢悠悠。但这一天石达开特别高兴，他的一个小妾为他生了个孩子，我们能理解他的心情，全家在变乱中被杀，现在终于有人能为自己延续香火，那种快乐近乎重生。

所以，石达开下令在这里停留三天，全军庆祝。谁也没料到，这一停留就坏事了。第二天，大渡河暴发山洪，河水暴涨，军队不敢过河。骆秉章带领清军冲出来，断了他们的后路。石达开一怒之下，把两百多个带路的彝族人全部斩杀。这一来激起了彝族人的愤慨，他们纷纷协助官军，把山路给封死。

此时，石达开不光要对付清军，还要对付当地的土民，这些土民充当清军向导，在这种崎岖山路占有很大的优势。军队越打越少，粮草越吃越空。石达开感到大势已去，让妻妾和子女几人跳江自杀。为了保住将士们的性命，他主动提出跟骆秉章“和谈”。这时，他也不能不和谈了，不能不谈的时候往往是谈判资本最少的时候。

骆秉章也是一只老狐狸，他当即表示，像石达开这样的豪杰能够弃暗投明绝对是一件好事，欢迎他亲自来清军大营。石达开信以为真，带着自己的爱子去见骆秉章。没想到骆秉章话锋一转，说道：“你是来投降的吗？”

石达开确实是来投降的，但人都有自尊心，所以他说：“我是来为三军请命，希望大人能够放过他们，我是死是活任由大人处置。”

骆秉章哈哈大笑：“你是死是活还得看上面的意见，但你的部下肯定是一个都活不了的。”

石达开的部下被缴械之后，在大渡河边被清军集体屠杀，杀完之后，直接把尸体扔进河里。大渡河一夜之间变成红河。

石达开临刑前写了一份自述，拒不承认自己失败是因为才华不够，坚持认为是天国上层混乱，还有就是老天要亡自己。

石达开被凌迟处死时，神色泰然，观刑的人都称他是奇男子。

太平天国丧钟

洪仁玕是洪秀全亲人中最特别的一个人，洪秀全家族里太多不学无术的人，洪仁玕是个例外。在太平天国的后期，政务主要靠这个人主持。

洪仁玕在香港待过一段时间，接受了西方的新思想。当他从香港来到天京时，随身携带着一本《资政新篇》。当洪秀全为天国的事情忙得焦头烂额的时候，忽然来了这么一个能干的弟弟，简直是喜出望外。他封洪仁玕为干王，把政务都交给他。

与此同时，洪秀全也封陈玉成为英王、李秀成为忠王，算是平衡一下局势。洪仁玕这个人是个典型的书生，说他有能力，是相对洪秀全其他的那些兄弟。洪仁玕来了以后，夸夸其谈，纵论世界大势，认为太平天国想强大，必须学习日本和俄罗斯。这些东西对于太平天国根本不适用，太平天国已经自身难保。但洪仁玕提的这些东西确实是先进的，如果真能付诸实践，他倒不失为一个先驱者。

但是很快，洪仁玕就露出了马脚，对于打仗他一窍不通。天京的重要屏障安庆丢失后，洪秀全一气之下，不再重用洪仁玕。洪仁玕此后一直过着郁闷的生活，洪秀全临死的时候才想起找他托孤。太平天国失败后，洪仁玕挺有骨气，坚持不肯投降，以文天祥自居。

我们再来看看陈玉成的结局。金田起义时，陈玉成还是一个童子兵，他戎马十二年，从一个普通士兵变成大军的统帅，最后当上英王，升迁很快。他是一个在战乱中长大的孩子，长大之后以战场为生，虽然会打仗，但人生终归是悲剧。

清军的江南江北大营就是陈玉成和李秀成联手攻破的，陈玉成打得清军老将向荣最后羞愤自杀，还击毙了湘军四虎之一的李续宾，生擒了清朝巡抚李孟群，可谓战功赫赫。

在太平天国后期，清军再度组织了江南大营，陈玉成领兵又一次击破江南大营，这一次他打得老将和春服毒自杀。

咸丰十年（1860 年）秋，太平天国组织了第二次西征，统帅便是陈玉成、李秀成、杨辅清、李世贤等人。这次西征的目的是拿下武昌，陈玉成的兵锋很锐利，一路攻城略地，占领了黄州，距离汉口只有百里之遥。杨辅清和李世贤在安徽一带也进展顺利。

李秀成的部队出发得比较晚，但他的经历更具戏剧性，李秀成曾经一度离曾国藩的大营很近。李秀成也知道曾国藩在那里，他却没有去攻，因为他认为曾国藩的大营一定防守严密，兵力雄厚。事实上完全相反，曾国藩的湘军早已派往各地，大营里兵力空虚。如果李秀成这时候杀过去，即使不能俘杀曾国藩，至少也能击溃曾国藩所在的湘军，致使曾国藩流窜山林。这样一来，各地的湘军肯定会赶来营救，李秀成再把前来支援的湘军一一歼灭，极有可能会挽回整个战略形势。

李秀成这个人打仗求稳，这是他跟陈玉成最大的不同。李秀成绕过曾国藩，直取吉安和瑞金，然后率领三十万大军浩浩荡荡地涌向武昌。到了武昌后，李秀成并没有攻城。跟三个月前的陈玉成一样，都放弃了武昌，转而攻其他地方。这倒不是因为武昌攻不下来，是英国参赞巴夏礼搞的鬼。英国人在武昌有许多既得利益，扬言说如果威胁到他们的利益，他们是不会善罢甘休的。

李秀成随后转入浙江，攻破杭州，然后学习石达开在这里经营。浙江虽然富庶，但军事地位远没有安庆重要。曾国藩宁愿不要江南的富庶之地，也要不惜一切代价拿下安庆。陈玉成虽然赶去救援安庆，但被湘军阻挡住了，无法跟城内守军会合。

安庆就这么丢失了，两万名将士阵亡。

安庆丢失后，洪秀全焦躁不安，重新重用他那些不学无术的兄弟。不知是出于什么心理，洪秀全开始疯狂地封王，一口气封了两千七百多个王。

陈玉成一个人困守庐州，处境非常凄凉，洪秀全不信任他，李秀成也不来救他。血战之后，最终成为清廷的俘虏。不过陈玉成这个人很有骨气，誓死不投降。

正如陈玉成临死时说的：“太平天国去我一人，江山已毁一半。”

李秀成在杭州这边确实经营得不错，他一改太平天国过去的政策，重用人才，鼓励工商业。他任命了一大批地主出身的官僚，在他的治理下，杭州每年出口的丝绸比清廷还多。

天国的根基已失，李秀成根本无力回天，最后李秀成被左宗棠击败。

洪秀全死后，李秀成身负托孤重任，带着幼天王逃亡，在天京东南面的山上被湘军抓住。

狱中，李秀成曾希望曾国藩能免自己一死，可惜清廷还是没放过他，幼天王洪天贵福也未免殉难。

这场运动犹如百年不遇的大地震，如果说它还带来了什么东西的话，那便是后来的洋务运动，不过这是间接原因。

第七章　命苦的皇帝

咸丰即位以后，国库里的银子只够五个月的开支，还是正常的开支，碰到战争等肯定是不够的，内务府的银子就更少，只有四万多两。越穷事越多……

别说咸丰平庸，纵使有雍正之才，估计也难以应付这种局面。

平庸皇帝

像所有平庸皇帝一样，咸丰刚当上皇帝时，也很想有一番作为。

可能是受遗传因素影响，咸丰有非常浓重的作秀癖。道光死的时候，他哭得跟个泪人儿似的，唯恐自己的孝心不能被天下人知道。登基后，咸丰强烈要求恢复三年之丧的古制。

咸丰这么做无非是想告诉天下人：我是一个有德的明君，以孝治天下。

大臣当然不能同意，说皇上你刚登基，日理万机，怎么能服孝三年呢？还是按照祖制服丧百日吧！咸丰对大臣说："看了大家的奏折，朕的哀痛更深更重了。皇考对朕有养育大恩，就算守丧三年，也不能报答皇考的慈恩啊！而且三年之丧是礼经上记载的，古人能够做到的，朕也一定能做到。"

朝臣自然大肆颂扬新皇帝的仁孝，但强烈建议皇帝还是要化悲痛为力量，以国家为重。咸丰终于妥协了，但这么一秀，就秀出了名声，天下人都知道他咸丰是个孝子皇帝。

咸丰是个乐此不疲的演员，做了太多"仁孝"的事情，这个我们就不说了，还是看看他有没有做一些实际的事情。

咸丰做得最英明的事情之一莫过于罢免三朝元老穆彰阿，罢免穆彰阿之后，咸丰还表示永不续用。当时朝堂上下一片吃惊声，其实如果熟悉清史，就丝毫没有值得奇怪的地方。从康熙以来，大家都这么干的，一个不落。

穆彰阿和曹振镛是道光最宠信的两个元老，这两人都是会做官不做好事的典型。穆彰阿比曹振镛更狡猾，也更贪婪，而且当过咸丰的老师。咸丰老早就了解到穆彰阿的人品，所以上台后迫不及待地拿他开刀。曹振镛虽然平庸，但人品毕竟还不错，所以没遭殃。

咸丰当然少不了给穆彰阿一顿臭骂，说穆彰阿这个人小忠小信，为人阴险，好奸诈之术，遇事喜欢阿谀逢迎，还说穆彰阿贪婪好虚荣，打压贤才，妨碍林则徐复出。

耆英也受到惩罚，咸丰将他从一品降到五品，以六部员外郎候补。耆英的错误在于承诺允许英国人进入广州城。细心的人会发现，穆彰阿和耆英都是林则徐在政治上的反对派，而咸丰是比较欣赏林则徐的，他这么做似有打压政敌的嫌疑。不光是打压政敌，更是为了立威。

林则徐让咸丰这个二十岁年轻人崇拜的地方很多，如他的骨气、他在外交中的强硬姿态、以及他雷厉风行的行事风格。穆彰阿和耆英的表现完全相反，这两人做事优柔寡断，在与英国人交往时又处处丢中国的脸。

咸丰当时并不知道丢人事小，利益事大。他有年轻人常见的那种激情和愤青脾气，鸦片战争的失败并不能算到穆彰阿、耆英这些妥协派的头上，根本原因还是中国实力不行。但是当时的人，不论是咸丰也好，还是朝臣也好，或是平民老百姓也好，都不愿承认中国技不如人，都认为堂堂天朝居然败给海外夷狄，肯定是有奸臣在其中捣鬼。

耆英这个人是非常冤的，战争失败不是他的错，主张妥协也是针对当时形势所提供的一个建议。

耆英还有一个地方得罪了咸丰。咸丰登基不久就下达求言诏，希望大家踊跃发言，敢于说真话。耆英却莫名其妙地说了一句："小人且当保全，君子亦恐误事。"

老实说，咸丰猜不透耆英是什么意思，耆英的意思大概是小人也可以做好事，君子也会误大事。耆英这话可能是暗讽林则徐。

咸丰不明白耆英的话，于是便开始猜。他想起耆英担任两广总督期间，做了许多丧权辱国的事，后来居然跟英国人私下达成协议，允许他们两年后进城。之后，耆英又巧妙脱身，离开广州，回到京城，把烂摊子留给继任者徐广缙。

这笔账咸丰记在心里了，第二次鸦片战争时耆英再度“出卖”国家利益，咸丰干脆把他赐死。

道光朝最大的弊病是暮气沉沉，没有人会提出实质性的问题，更没有人会说一些让皇帝不高兴的话。咸丰做皇子时就知道这样做是不对的，他不理解道光为什么要那样，也许咸丰直到死都没有明白，因为他死时太年轻了，

咸丰下达求言诏不久，大理寺卿倭仁对用人提出了自己的看法，倭仁说的多少有些道理，我们不妨总结一下：

一、就性格来说，君子看上去木讷笨拙，小人看上去机巧奸诈，君子淡定，小人急躁。

二、从胸怀来看，君子爱惜人才，小人排挤异类。

三、在志向方面，君子志存高远，以国家元气为重，小人注重私利，以敛财升官为重。

四、从气质上说，君子刚正不阿，小人善于揣摩，阿谀逢迎。

五、对待君主时，君子敢于直谏，小人却百般奉承。

六、在写奏折时，君子动辄提醒人君要警钟长鸣，而小人却百般歌颂，让人君消磨斗志。

倭仁的这段分析大体说中了君子与小人的区别，但是人善于伪装，光有理论肯定不够，还得具体问题具体分析。咸丰求言也是有限度的，对于那些将批评的矛头直指自己的官员，他大动肝火，将奏折扔在地上。所以说，叶公好龙容易，真心爱龙却难。

成立智囊团

咸丰急切地想补救这个千疮百孔的国家，为了重振大清，他首先罢免那些手握实权但不干事的权臣，接下来就是成立自己的智囊团了。

咸丰首先要提拔的人是林则徐，当时太平天国运动已经爆发，咸丰将镇压的任务委托给林则徐。不幸的是，林则徐在前赴两广总督的任上病死。

咸丰提拔的第一个智囊是祁寯藻，他是嘉庆十九年（1814年）的进士，当过道光、咸丰、同治的老师。在道光朝，祁寯藻已经当上了军机大臣、协办大学士和户部尚书。作为一个对外政策的强硬派，他极力反对穆彰阿等人的妥协政策。祁寯藻还是一个诗人大学者，他保举了一大批寒门士人，在仕林中有一定的影响力。不过他更多的是一个文人，并不是一个有魄力的改革家。

咸丰提拔的第二个智囊就是他的恩师杜受田了，杜受田在咸丰二年（1852 年）就已去世，所以他到底有几斤几两很难说清楚。杜受田工于心计和谋略，有一定的才能，咸丰即位后，奉他为帝王师，加封太子太傅头衔，兼任吏部尚书协办大学士等职。杜受田相当于当朝宰相，咸丰感于他的拥戴之功，对他言听计从。杜受田掌权后，也确实做了一些好事，他重新任用了在鸦片战争中获咎的林则徐、周天爵等人，让他们镇压太平天国。周天爵才具虽然一般，但确实是一个非常努力的人，挖空心思剿灭太平军。

杜受田死后，咸丰心里很空虚，感觉失去了臂膀。

在咸丰提拔的这帮人中，肃顺是最有胆识的一个。肃顺是郑亲王济尔哈朗的七世孙，在咸丰朝是一个难得的人才，当然时人对他有一些偏见，这是难免的，人们对一个被扳倒的铁腕人物是不会有好语气的。

肃顺这个人极为爱惜人才，尤其重用汉人，常能做到礼贤下士。咸丰用他的目的就是一扫官场陋习，肃顺这个人雷厉风行、做事刚猛，头脑又特别精明，对腐化堕落的八旗子弟态度很严厉。肃顺虽然是满人，但他好像非常看不惯满人，经常说八旗子弟的坏话，反倒是极为欣赏曾国藩、胡林翼、左宗棠这些人。在对外关系上，肃顺跟林则徐一样，也是一个非常强硬的人。《清史稿》对肃顺的评价相对客观，认为他是一个对大清有重大贡献的重臣。

文庆也是咸丰非常重视的一个智囊。文庆是满洲镶红旗人，在道光年间，文庆当上了军机大臣和尚书等职，后来又被免职。咸丰登基之后，重新任用他，文庆不仅官复原职，还被逐步加升为太子太保、文渊阁大学士、武英殿大学士。

在咸丰看来，文庆是一个很有谋略的人。在重用汉臣这块，文庆跟肃顺是一致的。文庆重用汉臣的理由很朴实，他说他们都是从民间走过来的，深知百姓疾苦，不像我们这些身居庙堂的人只会空谈。文庆的主要任务是在人事这块给咸丰提建议，咸丰六年（1856 年），文庆去世，临死前他还对咸丰说，哪些督抚不堪任，应该换掉，确实是不辱使命的一个大臣。

刚开始这段日子咸丰确实是非常卖力的，很想有些作为，后来逐渐有力不从心的感觉，跟他的祖父嘉庆、父亲道光一样，顺其自然吧！反正我是皇帝，活着得好好享乐才算便宜，为了国家励精图治，反而不讨好，太亏了。

一帮不争气的督抚

咸丰是清朝罢免督抚最多的一个皇帝，很多督抚往往是上去屁股还没坐热就被赶了下来。不是咸丰心理变态，确实是当时形势特别严峻，洪秀全一闹，整个中国都不安分。咸丰急切地希望将叛乱之火扑灭，所以频繁提拔一些督抚，这些督抚往往让他失望，只好“落马”了。

咸丰登基不久，广西巡抚郑祖琛就发来一份奏报，说自己成功地镇压了一批造反的逆贼。这些“逆贼”并不是洪秀全的人马，而是湖南新宁县遭遇水灾的农民，一些没饭吃的农民起来造反，最后发展到五千人。咸丰让湖广总督裕泰亲自剿匪，没想到裕泰非常无能，不但镇压不了，反而损失不少士卒。

咸丰一生气，下令将湖南提督英俊和湖南巡抚冯德馨革职，让向荣和骆秉章接替他们。咸丰这么做是想给裕泰一次机会，裕泰终于珍惜了这次机会，配合郑祖琛、向荣、骆秉章等人剿灭了叛乱。咸丰给他们分别加了一些头衔，大家高兴之余万万没有想到好戏还在后头。

广西会党发展得非常快，尤以洪秀全的拜上帝会为最。不久，有人参奏广西提督闵正凤毫无治军之才，整天只知道喝酒应酬。随着广西形势的恶化，咸丰一怒之下，将闵正凤革职，发配边疆，巡抚郑祖琛革职回家。

其后，咸丰将镇压起义的重任交给李星沅和周天爵，任命两江总督李星沅为钦差大臣，周天爵为广西巡抚，向荣为广西提督。可惜这三人合不来，李星沅主动辞去钦差大臣职务，准备回家养病，不想中途病死。周天爵办事不力，免去广西巡抚之职，即刻回京，咸丰重新任命邹鸣鹤为广西巡抚。

后来，拜上帝会一发不可收拾，咸丰任命首席军机大臣赛尚阿为钦差大臣，督办剿匪事务。赛尚阿虽然取得了一定的成绩，却没有扑灭太平军，反而让其突围。咸丰很生气，但不忍罢免赛尚阿，便让巡抚邹鸣鹤背了黑锅，由劳崇光接替广西巡抚。

再后来呢，形势更加恶化，赛尚阿自己也扛不住了，咸丰再也受不了，将赛尚阿革职下狱。赛尚阿走后，咸丰让徐广缙接替他，咸丰指望这个曾经的牛人能够挽回败局。没想到，今非昔比，今天的徐广缙已经不是过去的那个徐广缙了。他做事拖拖拉拉，不知是故意的，还是无意的。那边打得昏天黑地，他还一路慢悠悠地游山玩水。

咸丰三年（1853 年），太平军围困长沙，攻陷岳州，咸丰被逼急了，下令将徐广缙革职查办，定罪为斩监候。国家正是用人之际，太平军又势如猛虎，没多久，咸丰又重新任用赛尚阿和徐广缙。

湖南巡抚骆秉章也被革职留任，以观后效。不久，云南巡抚张亮基调湖南巡抚，后又署理湖广总督。太平军北伐时，张亮基调任山东巡抚，阻止北伐军，骆秉章再任湖南巡抚。太平军势如燎原之时，湖北巡抚龚裕为了避难，称病请辞。咸丰刚开始答应了他的请求，后来觉得不太对劲，如果答应了他，那以后遇到困难，所有督抚都辞职，大清不就完了？遂把龚裕从重治罪，发配到新疆。

常大淳接任湖北巡抚，不幸的是没多久就被太平军击毙，看来龚裕还是有先见之明的，发配总比死了好。接着，崇纶接任湖北巡抚。

咸丰三年（1853 年），太平军进入安徽，安徽巡抚蒋文庆被杀，周天爵和李嘉瑞先后接任安徽巡抚。后来，李嘉瑞被革职，江忠源替代他。当年十月，江忠源在庐州战死，福济成接任安徽巡抚。

太平军拿下武昌后，陆建瀛担任钦差大臣兼两江总督，陆建瀛是个软货，还没开战自己先逃跑。江宁（南京）将军祥厚接替他。南京城攻破后，祥厚殉国。

在咸丰朝，最幸运的是朝中大臣，坐在朝堂之上，指手画脚，而且还酒足饭饱没有生命危险。督抚们却是提着脑袋干活，不是被太平军杀掉，就是被咸丰革职查办。这是由形势决定的，在雍正朝做朝臣远不如督抚划算，督抚是地方上的负责人，权力很大，说一不二，雍正极为仰仗这些督抚；在朝中做官反而很危险，一不小心就得罪了雍正，吃不了兜着走。

财政红灯红得刺眼

嘉庆上台之后，就感觉到财政的压力。到了道光更是如此，好歹道光节衣缩食，渡过了重重难关。到了咸丰朝，清廷的财政已经亮起了红灯。

鸦片战争后，中国流失白银三亿多两，虽说中国地大物博，但也经不起这样的折腾。国库一天比一天空虚，道光三十年（1850 年），全国欠政府的税银有八百六十多万两。

咸丰即位以后，国库里的银子只够五个月的开支，还是正常的开支，碰到战争等肯定是不够的，内务府的银子就更少，只有四万多两。越穷事越多，农民起义肯定是要镇压的，但咸丰拿不出这个钱啊，怎么办？从各省的藩库里抽。但这么做是会引起连锁效应的，地方缺少银两，自然会导致货币紧缺，对各省的经济发展不利，经济发展不好，上缴的税收就少。税收一少，镇压就更难，清地方政府就会陷入半瘫痪状态，总之是一团乱麻。

别说咸丰平庸，纵使有雍正之才，估计也难以应付这种局面。

货币紧缺，咸丰想到发行纸币，这事就是由肃顺来办的，这种做法当然不能根治财政问题，但也只能先治好眼前的病再说。

咸丰和大臣想到了很多增加收入的办法，比如鼓励大家捐监，在国内外借债，增加税收，削减官员薪水，减少支出等。这些做法全都是治标不治本的，有些做法会直接导致财政陷入恶性循环。

就拿捐监来说，在咸丰朝已经大大贬值了。捐监的本质是清廷出售“国子监监生”这个职务，百姓花钱买。然而大家都明白，大清的股票在不断下跌，没有人愿意按原来那个价格购买了。所以咸丰不断地打折，低价卖出。

当时没有国债的说法，但咸丰向国内百姓借债本质上就是发行国债，全国都有一些富人，要向富人借钱，都给他们发一些凭证，这些凭证就是国债的前身。清廷强制性地给一些富人发票印，承诺按期归还。清廷伸手要钱，没人敢不借，不借就会受到迫害。除此之外，清廷还向国外的商人借债，然后给他们一些利益。

加重税收后，老百姓的负担更重了，加上这些年天灾不断，所以我们很能理解太平天国为什么发展那么快。

真正解决财政危机的还是厘金制度。厘金说白了就是对商人强制征税，官兵们守住陆路关卡和水陆要冲，对来往的货物按价值征税，用我们通俗的话说这就是买路钱，在当时又称为行厘。还有一种是对开店的商人征税，这种称为坐厘。

抽厘来钱确实非常快，但无疑也加重了老百姓的负担，商业税重了，商品的价格会更高。但当时也没有办法，因为朝廷拿不出军饷，只好让各省自行解决，所以清政府允许各省抽厘，抽到的钱不用上交，怎么花由地方自己决断。各省抽的厘金没有统一标准，有的抽百分之二十，有的抽百分之五，根据各自的需要吧！

必须说明的是，抽厘是杀鸡取卵的政策，但如果没有这些厘金，清廷真的很有可能灭亡。太平军北伐之后，咸丰曾经有亡国的预感，对杜受田的儿子杜翰说了这样的话："天启当亡国而弗亡，崇祯不当亡而亡。现在贼已渡河，明末的悲剧只怕会重演，如果不幸真的发生，朕就是大清的崇祯了。"

不靠外国人

国内起义一片燎原之时，不少督抚想请求英国人和法国人帮忙，打算借外国的刀杀中国的“贼”。两江总督何桂清和浙江巡抚王有龄主动跟外国人联系，希望他们能高抬贵手，把洋枪洋炮对准中国起义的农民。

英法联军都是唯利是图的强盗，有生意做，他们当然不会拒绝。现在的关键是咸丰的态度，咸丰多少有些骨气，他觉得这种想法荒谬无比，列强是中国的敌人，我们就是再难再穷也不能向他们低头乞怜。

上海有很多有钱人，他们纷纷抱怨：你咸丰不来救我们，又不允许外国人帮我们，看来我们只能自救了。他们凑钱请了一批洋人雇佣军为他们打仗，造成既成事实后，他们希望咸丰能够批准，从而将雇用外国军队合法化。

咸丰非常生气，批复说：“如果向外国借兵，只会让他们更加轻视我们，后患无穷。”

咸丰十年（1860 年）九月十八日，也就是《中法北京条约》签订后的第七天，法国公使葛罗向恭亲王奕䜣主动提出愿意为大清剿匪。奕䜣大为欢喜，他是极力主张借洋人的枪灭掉太平军的。咸丰此时也有所动摇，下诏各省督抚讨论。

主张借刀杀人的主要是江南的一些官员，这可能跟江南遭受的破坏最大有关。反对派以漕运总督袁甲三为代表，袁甲三是河南人，袁世凯的叔公，他是一个传统的士大夫，荣辱观很强。还有就是模棱两可的中立派，以曾国藩为代表，曾国藩可能是怕洋人抢走了自己的功劳，如果自己被太平军打败了，那时候他肯定是赞同借刀杀人的。

最后，咸丰接受了袁甲三的意见，公开表扬袁甲三深谋远虑，说就算洋人剿灭了“长毛”，以后也会在我们头上作威作福，就像他们在印度干的那样。

总之，综合各种考虑，咸丰拒绝了外国人的“援助”。

咸丰这么做让列强很没面子，列强既然是列强，就比较霸道些，热脸贴冷屁股让他们有些恼火。而对他们来说，利益没得到才是无法忍受的。

误事宠臣叶名琛

一个太平天国足以把清廷搞得天翻地覆，这时候如果洋人能够老实一点，情况或许不会糟糕到这个地步。咸丰万万没有料到列强会发动第二次鸦片战争，咸丰很无辜：我什么时候招惹你们了？

这事如果真要怪的话，就怪咸丰的宠臣叶名琛。

论年龄，叶名琛可以当咸丰的老爸，大他二十四岁。叶名琛一生非常顺利，二十六岁考中进士，之后做官一路飙升。叶名琛这人既有实干才能，又会文章之术，还懂理学。这样一个人，升官想慢一点只怕都难。

道光赏识叶名琛，咸丰就更加赏识他了。当年英国人要进入广州，就是叶名琛和徐广缙死扛着，最终赢得了胜利。这一点，咸丰牢记在心里。徐广缙被派去征剿太平军后，叶名琛顺理成章地成为两广总督。叶名琛也确实是实至名归，他在很短的时间内就平定了广州的凌十八起义，粉碎了凌十八和洪秀全会师的计划。

叶名琛对外能让英国人“服帖”，对内又能干净利落地消灭流寇，在咸丰眼里，他简直是个全才。

不久，广州爆发了大规模的天地会起义，人数发展到十万，起义军一路攻城略地，包围了广州。叶名琛手中可用的兵只有一万人，处境是很艰难的，但叶名琛并没有开口向咸丰求救，甚至都不伸手要钱，居然自己摆平这些人，把他们赶出广州。

在叶名琛的治理下，广州的战火终于熄灭。你说咸丰能不高兴吗？广州以往动乱频繁，可如今全国各地都乱了，这里还不乱，全国各地都伸手要钱，唯独叶名琛好像从不缺钱花一样。

咸丰接连加封叶名琛为协办大学士、体仁阁大学士，把广州的事情放心地交给他，自己不闻不问。叶名琛呢，不仅把广州治理得秩序井然，还不断地支援湘军，为湘军采购军火。

在清朝，两广总督相当于外交大臣，叶名琛负有双重使命。在当时的情况下，外交是最难处理的。

叶名琛失败就失败在外交这块。

咸丰四年（1854 年）四月二十五日，英国公使包令要求会见叶名琛，谈论修约的事。所谓修约就是英国单方面提出霸王条款。叶名琛虽然骨头很硬，但是他不懂怎么跟外国人打交道，他的外交策略非常简单，就是避免跟外国人接触，对于外国人的要求尽量用温和的语言拒绝，以免引起不必要的麻烦。

包令想进入总督衙门跟他谈判，叶名琛自知拒绝不了，表示不可以在衙门里，只能在城外的酒楼里谈。包令很恼火，坚持要在衙门里谈。

包令看这事没有结果，加上他了解叶名琛这个人是个一根筋的顽固派，决定直接到上海或是天津，跟清廷的其他官员交涉。

叶名琛给咸丰上了一封奏折，大意是说这些洋人就喜欢瞎折腾，皇上您不用担心，这事我能搞定。

咸丰对叶名琛非常放心，认为他一定能驾驭自如，自己都不用给他什么指示。

包令到上海后，跟江苏官员讨论修约的事，咸丰知道后，命令江苏官员把这些事情全部交给叶名琛。这下，英国、美国、法国三国的公使急了，他们在香港召开会议，大家一致认为，如果跟叶名琛谈的话，绝对谈不拢，现在唯一的办法是三国公使一起北上，当面跟咸丰谈。

江苏巡抚吉尔杭阿一看这架势，很担心，加上三国公使派人前往太平天国的控制区，很有可能跟太平天国勾结。吉尔杭阿建议咸丰派出钦差大臣会同叶名琛一起跟外国公使谈判，意思很明显，担心叶名琛搞砸，想削弱他外交的权力。咸丰接到这个奏折后，不喜反怒，大骂吉尔杭阿一派胡言。由此可见，他对叶名琛的重视和信任。

三国公使给咸丰递交了一份密密麻麻的修约事项清单，咸丰不懂对外事务，让他们跟叶名琛谈。

三国公使白忙活了一阵，只好南下回到香港，他们都是识时务的人，谁也没有去找叶名琛。此时，英法两国与俄国爆发了克里米亚战争，没时间找中国麻烦。美国人看清军和太平军打得你死我活，到底鹿死谁手还不知道，所以主张多观望一段时间，等他们分出了胜负再找人去谈判。

后来形势的发展超出了叶名琛的预料。

十二月七日，天地会的红兵围攻广州，叶名琛急了，忽然想起了英国人包令，希望他能出兵帮忙剿匪。包令也狡猾，表示这是中国的内战，英国不愿参与其中，如果非要英国人帮忙的话，最好是在总督衙门好好谈谈。包令觉得这次一定可以入城，便派军舰进入珠江，停泊在广州城外。

叶名琛是怎么反应的呢？他仍然坚持拒绝英军入城，也不同意在总督衙门谈判。两方都僵持住了，过了一段时间，广州城的危情缓解。包令也识趣离开。

咸丰六年（1856年），《中美望厦条约》到期，美国会同英法再次提出修约，叶名琛又拒绝了，美国公使又提议北上，包令说，省点力气，回去吧。

美国公使死脑筋，仍然坚持北上，结果还真有些斩获。太平军先后拔掉江南江北大营，咸丰忽然有种来日无多的感觉，让叶名琛变通一下，勉强答应他们一两条。叶名琛自认为非常了解洋人，说这样只会激起他们的贪欲，绝对不可以有半分退让。咸丰没办法，只好表示，你说怎么样就怎么样吧！

此时，包令正向英国政府申请调集军舰，包令对国会说，不动用武力，修约是不可能的事情。对此，叶名琛毫无感觉，仍然沉浸在挫辱包令的快感中。咸丰此时也乐得纵情享乐，现在天下还是爱新觉罗的，赶紧抓紧时间吃喝玩乐，再晚了恐怕要喝西北风了。

第八章　第二次鸦片战争

咸丰在宫中不停地发脾气，首先他把气撒到耆英的头上，痛骂耆英一顿后，让各部门给耆英议罪。恭亲王奕䜣主张将耆英定为绞监候，肃顺则主张立即正法。考虑几天后，咸丰决定让耆英自尽，耆英一死，咸丰心里好受了点。

亚罗号事件引爆战争

亚罗号只不过是一艘小船，而且是由一个叫苏亚成的中国人制造的，谁也没有想到它居然成为引爆第二次鸦片战争的导火索。

这究竟是怎么回事呢？

苏亚成造了这个划艇后，将他卖给在香港居住了十年的方亚明，这艘普通的小船是中国人造的，卖的也是中国人。

怎么就阴错阳差带来灾难了呢?

咸丰六年（1856年）十月八日，广东水师在江面发现了亚罗号，船上有十二名中国水手，官方怀疑这是一只海盗船，所以决定扣押起来，并将水手当成嫌疑犯带走。没过多久，船长过来了。船长是船主雇佣的爱尔兰人肯尼迪。肯尼迪向英国领事巴夏礼求救，巴夏礼转告英国公使包令。

包令照会叶名琛，让他道歉放人，并保证以后不会发生这样的事情。包令还说中国水师扯下船上的英国国旗。

亚罗号曾经在香港注册，领到了英国执照。但这里面有一个问题，英国的执照只管一年，过期作废。事发之时，亚罗号的执照已经过期了。叶名琛以此为由，拒绝了英国方面的要求。

巴夏礼也承认执照过期，但是他把责任都推到清廷的头上，他说亚罗号虽然过期，但不是不想换执照，只不过受清廷水师的阻挠，没有机会去香港续执照而已，中国水师扯下英国国旗，总归是一个侮辱。

这本来是一件小事，但是英国公使包令希望把事情闹大，用他自己的话说，就是想在浑水中摸几条鱼看看。

叶名琛放人后，英方还不满足，包令要求叶名琛将和约补足，以免再发生类似的事情，并公开道歉。叶名琛表示，亚罗号只是悬挂了信号旗，水师逮捕十二名水手时没有扯英国国旗这种事情，所以拒绝道歉。

随后，包令下令香港的英军出动，准备包围广州城。此时，叶名琛还没有意识到事态可能会扩大。

十月二十三日，三艘英国军舰越过虎门，攻占了猎德炮台。叶名琛听说奏报后，居然大大方方地安慰下人：“没事的，天黑了这些洋人自然会识趣离开。”叶名琛还下令水师后退，避免引起冲突。

英军接连攻下了几个炮台，将军队开到广州城下，叶名琛才知道这次他们玩真的了。叶名琛下令中断一切对外贸易，以此逼迫英军撤退。英军不为所动，要求叶名琛出来谈判，允许英国人自由出入广州，叶名琛没理他们。

英军不耐烦了，开炮轰炸官署，士兵都逃完了，叶名琛还端端正正地坐在里面，大有殉国之意。英军看叶名琛没任何反应，用炮火轰击广州城南面城墙，轰开了一个缺口。

二十九日，一百多名英军冲进广州城内，一百多人自然无法占领广州城。不久，英军就退出城，在城外用炮火轰击，保持军事压力。逼迫叶名琛道歉，允许英军进城，叶名琛全部拒绝。

尽管压力很大，叶名琛仍然镇定自若，他鼓励广州军民杀敌，杀死一个英国人，赏银三十两。叶名琛相信他有办法制服这些洋人，只要拒绝通商，他们必定低头。

当然，叶名琛面临的最大的压力还是如何向咸丰交代，总不能跟他说广州城被英军轰破了吧！此时，叶名琛选择了谎报军情，他声称清军两次击败英军。击败还是小事，模棱两可。叶名琛居然说击毙了英军四百多人，可是围攻广州的英军加起来都没有四百人，他撒出这样的弥天大谎实在让人心寒。这还不算，叶名琛甚至说击毙了英军的总司令。

叶名琛还信誓旦旦地表示，他已经调集了两万人马，足保广州城无虞，美国和法国方面也很稳定，都觉得英军无理，不会支援他们的。

咸丰并不怀疑叶名琛所说的，但他还是很担心事态扩大，让叶名琛不要沉浸在“胜利”的喜悦中，尽快大事化小小事化了。

其实清军就没有打赢过，只是英军兵力少，无法拿下广州城，最后退到了凤凰岗。英军显然在等待援军，叶名琛却认为自己的计策收到了效果，英军知难而退。叶名琛志得意满地告诉咸丰，全面击败了英军。咸丰自然高兴，但也有所担心，告诉叶名琛不要引起大规模战争。

直到广州城外围炮台已经完全被英军占领，叶名琛依旧报喜不报忧。

英国首相巴麦尊正在筹划对中国进行大规模的战争，派遣额尔金伯爵为远征军统帅，会同法国和美国一起对中国发动战争。

之前，法国传教士马赖非法在广西传教，包庇教徒抢掳奸淫激起民愤，被当地官员处死。法国政府要求道歉赔偿，叶名琛一概拒绝，法国方面也在准备对华采取武力。美国方面比较复杂一点，国内正在酝酿南北战争，加上美国对外战争必须经过国会的批准，所以美国没有加入战争行列，但表示在要求修约这事上与英法两国立场相同。

虎视眈眈的俄国

与咸丰同时代的俄国沙皇尼古拉一世是一个沙文主义者，尼古拉一世好大喜功，积极推行对外扩张政策。

1847 年，尼古拉一世任命穆拉维约夫为西伯利亚总督，负责远东的扩张计划。穆拉维约夫到任后，积极安排向黑龙江一带移民，为以后重新划定边界寻找借口。

1853 年 9 月，俄国与土耳其爆发战争，英国和法国支援土耳其，共同对抗俄国，这就是历史上有名的克里米亚战争。

1854 年，穆拉维约夫带领两千多人，乘坐八十三艘小船沿着黑龙江而下，据说穆拉维约夫这次还带了两船的妇女。黑龙江副都统胡逊布截住了穆拉维约夫，俄国诈称只是想借道黑龙江，抄近路与英法联军交战。

穆拉维约夫威胁说："我国跟贵国是睦邻友好国家，你如果还不放行的话，恐怕不是友好的表示吧！"

胡逊布手中兵不多，不敢与俄方发生冲突，只好放行。事后，他才知道这批俄国人原来是到中国领土上定居。到 1857 年，俄国人三次往黑龙江运输军民，在这里修建堡垒，屯兵。

清廷派黑龙江将军奕山跟俄国人交涉，奕山是道光的侄子，也是个不肖子弟。第一次鸦片战争之时，他担任靖逆将军，负责与英军作战。但他谎报军情，事后被道光察觉，将他革职圈禁，后来又发配到伊犁做将军。咸丰这次用奕山是希望他知耻而后勇，能够洗心革面，有一番作为。

奕山到了黑龙江后，在俄国人的淫威之下，一步步地妥协，并在1858年与俄国人签订《瑷珲条约》，将黑龙江以北的六十万平方公里的土地拱手送给俄国。穆拉维约夫受到沙皇的嘉奖，提升为上将，晋为伯爵。

奕山的所作所为咸丰并不知道，当时咸丰正忙于和英法联军作战，哪顾得上黑龙江那边。不过，俄国人倒是自己到北京了，俄国大使彼罗夫斯基到北京要求清廷签订《中俄天津条约》。咸丰让肃顺跟俄国人交涉，肃顺态度非常强硬，拒绝跟俄国人交流。

彼罗夫斯基很不满，给清廷的军机处递交了一份文件，要求将乌苏里河至海口的中间地划给俄国。彼罗夫斯基还表示，如果清廷能满足俄国人的要求，他们会劝英法联军撤退的。

本来就是多事之秋，哪里经得起俄国人的恫吓，咸丰想，还是退一步海阔天空吧！于是做出妥协，同意和俄国签订《中俄天津条约》。

俄国得到好处后，继续要求清政府在边界问题上做出回应，肃顺非常愤怒，拒不承认《瑷珲条约》。彼罗夫斯基说，你们明明跟我们签订了，怎么现在不认账？咸丰这才知道奕山的所作所为，立即将奕山革职，坚决不承认《瑷珲条约》。

彼罗夫斯基在北京的时候，穆拉维约夫继续在黑龙江搞移民，并重新根据《瑷珲条约》勘察中俄边界。

咸丰很生气，拒绝了俄国提供的军事援助。这时，俄国“支援”中国的武将伊格纳切夫已来到北京。他居然欺骗咸丰说自己是代替彼罗夫斯基谈判边界事宜的，彼罗夫斯基也点头称是。就这样，清政府跟一个没有外交头衔的人谈了一年。

双方讨论的第一个问题就是《瑷珲条约》是否有效，肃顺说：“我们已经跟你们签订了《天津条约》，你们还想怎样。奕山是没有资格跟你们签订《瑷珲条约》的，他没有政府的授权证书，也没有正式关防，他做出这种违法越权的事情已经受到我们皇帝的惩治。所以《瑷珲条约》是完全无效的。”

伊格纳切夫则表示：“你们皇帝跟臣子的那些事情跟我们没有关系，条约已经签订了，就是合法的。”

伊格纳切夫还说：“我说你们皇帝要这么大领土有什么用呢？东北这块地方对你们没半点用，反而会带来许多麻烦。如果你们给我们，我们就能保障你们东部地区的安全，还能让英法联军退兵。这是对双方都有好处的事情，再说了我们两国可以深入开展贸易，这样不就可以补足你们财政上的亏空吗？”

肃顺说：“你们不就是想侵占我们领土吗？东北是我大清的领土，不可能让给别人，别痴心妄想了。如果你们执意要这么做，我们会反击的。”

伊格纳切夫看肃顺态度强硬，屡次要求清廷换一个谈判代表。他当然不知道，肃顺此时已经是朝中重臣，深得咸丰的信赖。

有一次，谈判之时，肃顺大怒，将《瑷珲条约》的文本“啪”的一声掷在桌上，对伊格纳切夫吼道：“这几张破纸毫无价值，完全是一纸空文。”骂完之后，肃顺便甩袖而去。

伊格纳切夫瞠目结舌，事后向清政府抗议说：“肃顺简直无礼之至，他如此对我简直是藐视俄国尊严，好歹我也是一个堂堂公使啊！我要求你们立即把肃顺撤掉，换上一个知书达礼的大学士。”

咸丰自然不理他，还是由肃顺负责谈判。

1860 年 5 月，沙皇正式任命伊格纳切夫为全权公使，还建议他暂时离开北京，去为中国和英法充当调解人，或许能增加谈判的筹码。

伊格纳切夫在走之前，还给清廷下了一道最后通牒，限清政府三日之内对重修边界一事作出答复。清廷断然拒绝，这个伊格纳切夫被气饱了，他南下之后，不但没有调解，反而极力怂恿英法联军发动规模更大的战争，还将京城一带的防御情况告诉英法联军。

英法联军杀进紫禁城后，清政府丧失了谈判的筹码，被迫与俄国重修边界，割让一百多万平方公里的土地。

“六不总督”叶名琛

这时，世界四大强国英国、法国、美国、俄国联手对付中国，再加上国内有太平天国和捻军的起义，清朝事实上已经到了生死存亡的关键时刻。

1857 年 7 月，额尔金抵达香港，他想做的第一件事当然是跟清政府交涉。不过此时印度那边正爆发起义，所以他只好赶往印度，先扑灭后院之火。叶名琛得知此事后，以为额尔金是软柿子，来香港不过是为了虚张声势，现在看吓唬不了人，只好跑到印度去。

叶名琛认为自己这招“以静制动”着实厉害，他相信不管英国人怎么逞强，迟早都会面对现实的。

叶名琛还没高兴多久，额尔金就回到了香港，这时英法联军已经集结在中国近海。

12 月 12 日，开战之前，额尔金最后一次照会叶名琛，提出三项要求：一、允许英国人进入广州城；二、赔偿亚罗号的损失和马赖神甫事件的一切损失；三、立即进行修约谈判。额尔金表示，中方必须立即允诺英方的前两项要求，否则联军将攻打广州。

叶名琛丝毫没意识到这是最后通牒，他觉得英国人喜欢吓唬人。要说叶名琛对英国人一点也不了解也不是事实，他还是一个很注重收集情报的人，他派出了大量的间谍前往香港收集情报。这些情报虽然很多，但大多都是假的。

叶名琛拒绝了对方后，十二天之内没见他们有什么动静，叶名琛相信最艰难的时刻已经过去了。加上这几天他求神算卦，卦上所言全是大吉大利的话。叶名琛也给咸丰上了一道奏折，声称英国人已经求和，我们随时准备通商，趁着他们求和之际，斩断他们的一切要求，让他们以后老老实实地跟我们做生意。

咸丰收到奏折后，心里大安，心想这个叶名琛真能干。其实，咸丰收到奏折时，广州城已经惨不忍睹。

两江总督怡良从上海人那儿听到了广州的战况，知道叶名琛蒙骗了咸丰，但怡良不敢直接说出真相，他只能旁敲侧击地说出一些事实，果然不出他所料，咸丰完全不信他的话，还警告他不要为外国人造势，更不要扰乱视听，长他人志气灭自己威风。

广东巡抚柏贵上了一道奏折，算是为叶名琛辩护吧，语气和内容完全跟叶名琛一致。所以，咸丰对叶名琛所说深信不疑。

我们一定很奇怪了，叶名琛以前是一个不错的官员，也有大丈夫的气概，怎么现在变成这样一个满嘴谎话的人呢？说来这事也不是叶名琛的错，叶名琛的谎言也是善意的，他是一个很自信的人，尤其对于自己的对外策略深信不疑，他相信自己迟早会搞定外国人，所以也就没必要让咸丰烦心了。

他也知道咸丰这个人没有主见，摇摆不定，一旦说出了真相，他肯定勃然大怒，把自己革职。叶名琛未必在乎这个职位，但是他非常相信，现在全中国能够对付这些外国人的只有自己，如果换了一个人，很可能会让大清尊严受辱。

清朝的皇帝对大臣要求非常高，丝毫不能设身处地地考虑别人处境，这也是叶名琛不敢告诉咸丰实情的原因之一。

叶名琛是一个非常悲剧的人，他本来可以做一个好官，但是生活在一个没落的时代里。这就让他左右不是人，跟英国人议和吧，他就变成了民族罪人，抵抗吧，国破家亡。

人称叶名琛是“六不总督”：不战、不和、不守、不死、不降、不走。从这“六不”中我们可以看出，他真的非常纠结。不战是因为知道打不赢，不和是出于责任感，不想辜负皇帝也不想辜负民众，不守是因为守不住，越守越会引起规模更大的战争，不死是因为他爱惜生命，或者觉得自己是个人才，死了太可惜，不降是因为投降太可耻，不走是因为他不可以走，也没那个脸逃走。

1857 年 12 月 28 日，英法联军出动二十艘战舰、五千七百人的陆军进攻广州。炮弹像雨点一样砸进总督衙门，衙门里的官兵顿时一逃而空，只有叶名琛还静静地坐在那里。叶名琛一边整理文件，一边自言自语：“就这么一阵子，很快就会过去的，生活该怎样就怎样。”

这次，叶名琛失算了。第二天，广州城就被攻破，市民纷纷逃难，叶名琛呆坐在家里。我们不知道他在想什么，他大概在想，既然来了，就该面对吧！反正已经是有罪之身，没必要逃。这时，叶名琛的部下建议他赶快议和，虽然到了黄河，叶名琛仍然不死心，坚决反对议和，还对大伙儿说："你们不用瞎担心了，没事的，这些外国佬只是贪财，给他们点钱就没事了，这几天我占卜过了，五天后保管事情平息。"

没等到五天，叶名琛就被英军抓住了。即使被抓住，叶名琛仍然威仪十足，准备和英法大使进行谈判。开始，叶名琛听说自己可能被带回英国，满怀希望见到英国女王后能质问她为什么要侵华。

不过，他的希望很快就破灭了，英国人根本没打算把他押回英国，而是押往印度。叶名琛是个注重气节的人，他不想吃英国人的粮食，让人准备了一年的粮食。在印度，他就吃自己带的粮食，吃完之后，绝食而死。

当咸丰收到广州陷落叶名琛被抓的奏折后，他呆住了，愣了半晌后，写下了这样的话："览奏实深诧异。"

确实，叶名琛报告胜利的消息没多久，广州居然陷落了，老叶成了阶下囚，正常人都接受不了。

我们应该如何评价叶名琛呢？他肯定不是一个卖国的小人，但是干的事情却直接导致中国卷入对外战争的深渊。

天津沦陷

对洋人那一套，咸丰是一窍不通。

咸丰把叶名琛革职之后，居然说出这样的话："以前洋人憎恨的是叶名琛，现在我们把叶名琛革职了，让柏贵和黄宗汉代理，这两人跟英国人没有宿怨，他们应该不至于为难这两人的。我们可以给英国人好处，只要他们退还广州，允许通商，如果强硬的话，我们就调集兵勇收拾他们。"

咸丰的法子看起来幼稚，但实际上是继承了祖宗的老一套，也就是剿抚并用，恩威并施。清廷对于叛乱者历来采取这两种手段，现在咸丰却把英法联军也当成了农民起义。

英法联军占领广州后，像所有统治者一样，他们也想恢复秩序，打造一个良好的治安环境。为了防止民众叛乱，英军用刺刀逼着柏贵进衙门复职，和英法两国共同治理广州。也就是说，广州已经成为英国和法国的殖民地，咸丰已经管不了广州了。

1858 年 2 月 11 日，英法宣布解除一切封锁，英国人和法国人可以在广州自由贸易。

咸丰无法忍受这种侮辱，他让骆秉章秘密去广东，联系各地官员，组织几万人的乡勇，将英法联军赶出广州城，然后清政府可以出面调停夷人和民人之间的矛盾。咸丰的想法很简单，我们人多怕他干什么，老百姓闹起来，我们就可以坐山观虎斗，坐收渔翁之利——这又是传统智慧。

传统智慧不是不好，但咸丰死搬教条，且不说乡勇根本不是联军的对手，就是把两国之间的矛盾转化为英军跟广东人民的矛盾，然后自己再充当中间人，这也不现实。

团练虽然组织起来了，但大家一直没有进攻。

更奇特的是，广州战争爆发后，两江总督何桂清主动跟英国人联系，说广州打仗不关我们的事啊，就拿上海来说，跟你们外国人的关系很好啊，我们一切照旧吧。

何桂清把自己的想法告诉了咸丰，咸丰也点头批准。咸丰的思维是这样的，出了问题就要丢卒保车，广州既然出事了，就不能蔓延，他恨不得把所有的责任都推到叶名琛一个人头上。闽浙总督王懿德也效法何桂清，跟洋人通气，希望和睦相处。

所以，历史奇特的一幕出现了，广州是交战区，其他地方却歌舞升平，尤其是上海，十里洋场一片繁华。上海甚至成为英法舰队的中转站和基地。

好像这场战争不是英国和中国的战争，而仅仅是英国与广州的战争，真是荒唐到了极点。

1858 年 4 月，英法美俄四国使者嚣张地来到天津大沽口，他们要清政府六天之内派钦差大臣来谈判。

此时，咸丰又让直隶总督谭廷襄出面，临行前，面授机宜。他告诉谭廷襄，我们要尽量把这四国分化瓦解，让他们互相斗起来，对俄国要友好一点，告诉他们不要帮助他们的敌人英国和法国，同时答应多开放两个通商港口；对美国呢，要想办法羁縻，美国毕竟没有参战，没那么可恶，如果美国提出的条件不过分，可以答应他们；对英国和法国口气要狠一点，问他们为什么这么蛮横。

咸丰本想分化四国，结果毫不管用。咸丰没办法，只好换一套招数，实行两手政策。一方面对他们的要求完全拒绝，只同意酌量减少点关税；另一方面又要谭廷襄避免决裂。谭廷襄也是人，怎么可能既拒绝别人，又让别人心平气和。

谭廷襄都快疯了，心想横竖不如战死，咸丰又警告他，千万不可开战。

看到谈判没希望，四国决定攻占大沽口，还是用武力说话。1858 年 5 月 20 日，英法两国发出最后通牒，让清军两个小时以内交出大沽口，清军不同意。两个小时后，英法联军就占领了大沽口炮台。

5 月 26 日，天津沦陷。5 月 30 日，英法联军再次发出威胁，要求清廷立即派出全权大使谈判，否则将进攻北京。

听到这个消息，咸丰吓坏了。大沽炮台是清军北方海口兵力最强的一个炮台，守军有三千人，后来咸丰又增派了六千人。怎么会这么轻易就落入洋人的手中呢？

咸丰万万没有料到洋人的火力会这么猛，他封大学士桂良为钦差大臣，让他这次给洋人一点甜头尝尝，不能再过分强硬。

不久，惠亲王绵愉建议咸丰派耆英去谈判，咸丰秘密召见耆英，让他前去天津，协助谈判。

耆英是有名的妥协派，让妥协派做好人，让强硬派做坏人，咸丰希望能捞点便宜。

结果，咸丰又失望了。耆英很悲剧，洋人也看透了他，知道他这个人表面妥协，其实是敷衍人。所以，耆英到了会场后，洋人对他破口大骂。一个老年人承受这种侮辱，情何以堪，耆英差点晕倒。两天后，他就返回北京。

跟美国和俄国签了《天津条约》后，他们也消停了不少。但是英法的态度非常强硬，英方提出了五十六条条款，并告诉桂良一字都不能修改。咸丰听说英国这么强硬，也逼急了，准备决裂开战。

桂良知道真开战的话，大清很可能战败，就私自签订了《中英天津条约》和《中法天津条约》。

桂良把这一切都告诉了咸丰，并对他说，现在没办法了，只能用委曲求全的方式顾全大局。咸丰无奈，只好在条约下签了“依议”二字。

公使驻京问题

条约签订之后，咸丰的内心深受伤害，一个受伤害的皇帝是需要拿人来发泄的，发泄对象自然是那些“办事不力”

的大臣。

咸丰在宫中不停地发脾气，首先他把气撒到耆英的头上，痛骂耆英一顿后，让各部门给耆英议罪。恭亲王奕䜣主张将耆英定为绞监候，肃顺则主张立即正法。考虑几天后，咸丰决定让耆英自尽。耆英一死，咸丰心里好受了点。

除此之外，镇守天津的一些提督和都统也被判为绞监候，秋后处决。

英法联军虽然暂时稳住了，但咸丰担心他们随时都可能打过来，命令僧格林沁为钦差大臣，主管京城一带的防务。僧格林沁统率的八旗军是清军的精锐之师，在镇压太平天国运动中立下了大功劳。

英法联军要求得逞后，也离开了天津。僧格林沁到天津后重修炮台，在大沽炮台增设一百多门大炮，并布置了一万多名守军。咸丰给僧格林沁一道密旨，说如果洋人不老实，可以偷偷袭击他们，然后说是乡勇干的。接到这道密旨，僧格林沁哭笑不得，觉得实在不好执行。

在《天津条约》中有一条是咸丰无法忍受的，那就是公使驻京问题。公使驻京是当时西方国家的一个惯例，但咸丰觉得这是洋人骑在头上，待在京城给自己施加压力。最可气的是条约中还规定，公使见到中国皇帝时，只需按照西方礼节三鞠躬就可以了。在清朝皇帝看来，不行三跪九叩大礼乃是对大清君王的大不敬。

公使驻京是咸丰很看重的问题，身为谈判代表的桂良就要求英国政府让步，公使驻在其他地方，比如说上海、广州等。

大沽口胜利

僧格林沁巩固海防是好事，不过巩固过头了，大沽口到处是炮台和障碍，根本无法成为通商港口。僧格林沁上奏咸丰，让洋人从大沽口以北三十里的北塘靠岸通商。

奏折还没到达咸丰那儿，英国舰队已经抵达大沽口，他们要求撤去障碍物。

直隶总督恒福让英军在北塘登陆，英军置若罔闻，强行闯入大沽口。

在咸丰眼里，什么条约全都是废纸一张，正如桂良曾对咸丰说的："我们现在跟英法两国签约，皇上不必当真，不过是废纸几张，目的只是让他们退兵。将来如果翻脸，皇上只需要把奴才几个人治罪，这些条约就变成了废纸。"

1859年6月25日，英法舰队自己清除大沽口水域的障碍，僧格林沁看到这一幕，让全军戒备，不要轻举妄动。虽然清军大炮黑洞洞地指向自己，但英法联军丝毫不慌张，仿佛是在海里捞鱼一样。这也难怪，这些清军不堪一击已经是他们头脑里的共识。

当天下午两点，炮声响起了。到底是哪一方先开的炮，现在还搞不清楚，不过事实明摆着，是英法联军擅自闯入中国军事禁区，所以理在我们这边。

英法联军已经习惯了清军的无能，万万没有料到这次清军好像有点不一样。僧格林沁不愧是一个老将，射中了对方的旗舰，英国海军司令何伯当场受伤。

双方开始了激烈的炮战，联军看占不到优势，便登陆进攻，结果被清军挫败。后来美国也加入战斗，还是没效果。从下午一直打到日落，联军终于狼狈不堪地败走。这一战，清军击沉敌舰三艘，重创三艘，击毙敌军 484 人。

这是自鸦片战争以来中国在对外战争中第一次取得胜利。收到捷报，咸丰的心情复杂，一方面是出了口恶气，感觉舒畅很多；另一方面又担心战火扩大，局面难收拾。

胜利归胜利，咸丰还是很理智的，现在正好是恩威并施的时候，咸丰不想事态扩大，下诏让英法两国公使早日进京交换条约。没想到恩威并施这套对老外根本不管用，他们全然不理，率领舰队南下。

倒是美国人趁机浑水摸鱼，到北京和清廷交换条约，本来美国是没有这个权利的，但现在英法两国不干，清廷也就给美国一次机会，其实是希望英法两国知趣点。

大沽口的胜利让咸丰产生了一种错觉，他觉得清军的实力还是很强大的，之前之所以经常失败是点将不当，换上一个将领结果完全不一样。

怎么打都是输

1860年是个灾难特别深重的一年，这一年是咸丰人生路上的倒数第二年，也是他执政的第十年。

刚开始的时候传来的都是好消息，袁甲三在安徽成功地击败了捻军，湘军也接连挫败太平军。更喜的是两江总督何桂清发来奏折，称英法两国已经失和，英国和美国也闹起了矛盾，法国与西班牙也准备开打。

咸丰还没高兴多久，忽然心脏被人踩了几脚。

3月19日，李秀成攻下杭州。5月6日，太平军再度攻破江南大营。接着，江南许多富庶城市接连沦陷。咸丰本来最讨厌曾国藩，最疑忌曾国藩这种人，迫于无奈，只好给曾国藩一个尚书头衔，命他署理两江总督。

咸丰的意思很明白，曾国藩你赶快去把江南收回来。哪知道曾国藩按兵不动，曾国藩是一个非常有头脑的人，其道行远不是咸丰能够比的，他统筹大局，自然有自己的战略。咸丰瞎指挥，他当然不同意，如果真按咸丰说的去做，失败了倒霉的还是自己。

咸丰看曾国藩不听使唤，以为他是嫌尚书头衔和署理两江总督不够威风，故意闹情绪。想到这里，咸丰恨不得踹曾国藩两脚，但他还是忍下了这口气，封曾国藩为正式的两江总督兼钦差大臣，主管江南军务。

没想到曾国藩仍然不听指挥，居然丢着富庶的江南不管，全力围攻安庆。咸丰心里那个焦急我们就不用说了，他觉得曾国藩这个人有异心，手握重兵，显然有独霸一方的野心，吴三桂殷鉴不远，不过今非昔比，咸丰丝毫不敢拿曾国藩怎样，因为他的麻烦实在太多了。

上次在大沽口吃了败仗，英法联军一直扬言要报复。咸丰调集了近三万人的兵力加强北方的海防，大沽口驻军一万人。英法联军真的过来了，而且军队规模空前，英国派遣了两万人，法国派遣了七千六百人。

战局如下：

4 月 14 日，英军占领定海。

5 月 27 日，英军占领大连。

6 月 4 日，法军占领烟台。

6 月 18 日，英法联军进入渤海湾。

6 月 26 日，英法正式对清政府宣战。

由于上海方面跟英法两国关系很好，加上一些富商愿意出钱，两国公使居然抽调了一千六百三十名英法联军保卫上海。换句话说，如果侵略军打到了上海，他们很可能会与自己人交手。有钱能使鬼推磨，说得一点不错。

咸丰意识到形势非常严峻，下令僧格林沁不可以首先开炮。

8 月 1 日，英法联军一万七千人在北塘登陆，直隶总督恒福要求会见英国公使，让他们进京换约。但两国已经完全不理睬，联军的军队已经出动了，还怎么谈。

僧格林沁知道这一战凶险无比，决定以身殉国。咸丰得知他的决心很担心，他还指望有一天逃亡龙兴之地时僧格林沁能保驾。他告诉僧格林沁，一定要爱惜生命。

事实证明，英法联军一旦登陆，僧格林沁也不是对手。幸好咸丰有言在先，逃命不必有任何心理负担了。

8 月 23 日，侵略军兵不血刃地占领天津。

咸丰看形势不对，立即让桂良组织谈判，承诺答应天津条约的一切条款，并增加赔款。没想到洋人不买账了，拒绝谈判，一定要打，而且要往北京打。

英法联军到达通州时，咸丰派怡亲王载垣为钦差大臣，出面谈判。载垣对洋人开出的一切要求他都答应，只求对方能退兵。这招暂时管用了。眼看战争可以结束了，没想到巴夏礼又提出了附加条件。

巴夏礼提出，清皇帝必须亲自出面递国书，盖玺时英国使者必须在场。咸丰对此非常敏感，亲自见这些洋人难免涉及礼仪，而这些洋人是不可能三跪九叩的，到时自己岂不颜面扫地。

谈判就因此破裂，还好有僧格林沁，他率领两万人精锐在张家湾围歼联军四千人的先头部队，结果大败，后来又在通州吃了败仗。总之，怎么打都是输。

僧格林沁知道这次麻烦大了，建议咸丰先到热河避难。

咸丰是个聪明人，僧格林沁一说，他就知道应该怎么做了。但是皇帝逃跑始终是一件丢人的事情，咸丰却说自己要御驾亲征。

很多大臣猜到咸丰的心思，他们坚持认为不能逃跑，必须留在北京，大臣们还举了澶渊之盟和土木之变的例子，用史实强调亲征的好处和逃跑的危险。皇帝一逃跑，谁还有斗志，大臣们说的也有道理。

圆明园劫难

北京全城的百姓都在看皇帝的态度，大家已经做了逃跑的准备，正看紫禁城那边是什么反应。很快，紫禁城里传出消息说皇帝准备逃难，皇帝都逃了，老百姓干吗不逃呢？

大臣们一看这形势，纷纷上奏，请求咸丰留下来，甚至要求他从圆明园移驾到皇宫，以此安定人心，鼓舞士气。咸丰根本听不进去，不过这时朝野上下都阻止他。

根据《翁同龢日记》的记载，咸丰的七弟奕譞听说咸丰要出逃，跑到咸丰面前痛哭流涕，请他不要逃跑，还求他让自己带兵跟敌人决一死战。五弟奕誴握着奕譞的手说："七弟说得没错，皇上，请三思啊！"这时，军机大臣在一旁跪地齐呼："请皇上留下来。"

咸丰实在没办法，只好下令暂不亲征，留守北京。僧格林沁这时也给咸丰发来一封奏折："如果真的完全抵挡不住了，皇上再'亲征'吧，相信那时肯定还是来得及的。"

僧格林沁也算是老将了，抵抗不可谓不用心，怎奈敌人武器太先进了。

9 月 22 日，咸丰觉得再不走就来不及了。这天上午十点，咸丰一行人从圆明园后门出发，从后门逃走自然有些狼狈。咸丰走的时候一点也不从容，据说连生活必需品都没有带。在圆明园里，咸丰只喝了几碗小米粥，便与大家挥泪告别。

9 月 24 日，英法联军占领通州；9 月 26 日，大军开到朝阳门外。咸丰在出发前，号召各路人马进京勤王，但这些人到达北京，至少要一个月。

恭亲王奕䜣以钦差大臣的身份留守北京，他希望英法联军能谈判。奕䜣手中有一个筹码，这个筹码便是英国领事巴夏礼。在开战之前，清军抓住了巴夏礼，把他关进了监狱。这时候，奕䜣把巴夏礼看成人质，逼迫英法联军退兵。

英法联军让他放了巴夏礼，才可以谈判。奕䜣认为巴夏礼这个人非常重要，否则英人不会对他这么在乎。

英国人逼得越紧，奕䜣就越觉得这个人重要。法国人心想，那是你们的事，跟我们没关系！这么一想，法国人率先进入圆明园。

中国传统园林艺术的劫难开始了。

圆明园又被称为"万园之园"，是世界文明史的奇迹，集中国园林艺术之精华。今天我们只能看到它的断壁残垣了，圆明园始建于康熙四十八年（1709 年），当时还是个一般的园林，赐给了后来的雍正皇帝。雍正即位以后，把办公的地方挪到圆明园，花费巨资扩建装修。到乾隆时，圆明园才正式修缮完毕，占地三百五十公顷，是一座中西合璧的园林。在圆明园中，西洋风格的建筑有十三公顷，占全园总面积的百分之四，其余为中国式园林。

圆明园不仅建筑精美，更收藏有大量的文化瑰宝，所以又被称为“万园之园”。自雍正开始，清朝五代皇帝大部分时间都是在圆明园度过，这里风景之美可想而知。

据说在一年前，咸丰曾做过一个梦，梦中一个白胡子老者告诉咸丰，圆明园不久会遭遇大劫。老者是圆明园的土地神，他告诉咸丰连自己都保护不了这块地方，所以请求辞去职务。

10 月 6 日，法军对圆明园进行了第一轮抢劫。这时，英军还在和清军交战。10 月 8 日，在英军的威胁下，清廷官员释放巴夏礼。10 月 10 日，英法联军让清军交出安定门，奕䜣只能照办。此时，英法联军完全控制了北京城。

一位法国伯爵见证了这一切，他似乎看不惯法军对圆明园的强盗行为，如实地记录了当时的场面：

我只是一个旁观者，一个不抱任何偏见、却也充满好奇心的旁观者，贪婪地欣赏着这一幕奇怪且令人难忘的情景：这一大群各种肤色、各式各样的人，这一大帮地球上各式人种的代表，他们全都闹哄哄地蜂拥而上，扑向这一堆无价之宝。他们用各种语言呼喊着，争先恐后，相互扭打，跌跌撞撞，摔倒又爬起，咒骂着，辱骂着，叫喊着，各自都带走了自己的战利品。看起来真像是一个被人踏翻了的蚂蚁窝，那些受惊了的勤快的黑色小动物带着谷粒、蛹虫、卵或口衔麦秆向四面八方逃去。一些士兵头戴着皇后的红漆箱；一些士兵半身缠满织锦、丝绸；还有一些士兵把红宝石、蓝宝石和一块块水晶放在自己的口袋里、衬衣里、帽子里，甚至胸口还挂着珍珠项链。再有一群人，他们手里拿着各式各样的座钟和挂钟，匆忙地离去。工兵们带来他们的大斧，把家具统统砸碎，然后取下镶在上面的宝石……这一幅情景只有吞食大麻的人才能胡思乱想出来。

…………

哦，我的天哪！

英军是分批去抢劫的，军官先抢，然后再轮到士兵。据说这些老外在分赃的时候根据宝物的价值进行了分配，最珍贵的礼物留给英国女王和法国皇帝。

据说英法联军撤退时，载运赃物的车队有几里长。

这些强盗本来就是为了利益而来。抢完之后他们又一把火烧掉了圆明园？

法军统帅蒙托邦说过这样的话："在我们欧洲，没有任何东西能与这样的豪华相比拟……这些稀世珍宝让我眼花缭乱。"

法国海军上尉巴吕说：“看到这座宫殿的时候，不论受过何种教育，也不论哪个年龄，还是什么样的思想观念，大家所产生的印象都是一样的：压根儿想不出有什么东西可与之相比，绝对地震撼人心！确切地说，法国所有的王室城堡都顶不上这个圆明园。”

1860 年 10 月 18 日，英军统帅格兰特派遣一个师的军队烧毁圆明园。京城上空烟雾弥漫，它是一个象征，象征着历史将会有一段长久的动荡，象征着几千年来国家主权在被践踏。这场来自海外的浩劫将成为中华民族的一个转折点，它积极的意义在于把沉睡在封建时代里的人民惊醒。

曾经辉煌灿烂的圆明园，只留下一片废墟。这片废墟告诉我们的不只是落后就要挨打这个经常提及的道理，它还告诉我们要想强大必须变革，封建专制是落后的根源。

第九章　风流短命的皇帝

咸丰四年（1854年）秋，丽妃终于怀上龙种，听到这个消息，咸丰非常开心。一直以来，他最大的愿望就是丽妃能为自己生下一个皇子，如果没有意外的话，这个孩子就是未来的继承人了。咸丰对丽妃的宠爱越发深厚，捧在手里怕掉了，含在口里怕化了。

风云诡谲的后宫

在大家的印象里，咸丰时期最有名的两个女人就是慈禧和慈安了，而前者又把后者给弄死了。

咸丰的第一个女人其实是孝德皇后，她是道光钦点的。可惜福薄命薄，嫁给咸丰两年后就因病去世，她死后一个月，咸丰就当上了皇帝。后来，咸丰感念她的贤惠，追封她为皇后。

咸丰并没有难受多久，作为一个皇帝，他要多少女人就有多少，旧人去新人来。很快，咸丰就开始选秀女了，慈禧和慈安就是这时候进入咸丰的后宫的。

咸丰二年（1852 年），终于服满丧期，是时候为后宫挑选一个掌门人了。到底谁能当上皇后呢？说实话，谁也猜不中，咸丰心里怎么想的没人知道。

在后宫中，有一个叫兰儿的姑娘，此人姓叶赫那拉。兰儿的曾祖父名叫吉郎阿，历经乾隆、嘉庆、道光三朝，做的官不是很大。在乾隆年间，他最高做到刑部员外郎，嘉庆时当上盛京刑部主事，道光时担任山东司刑部员外郎。兰儿的父亲惠征在道光朝长期担任笔帖式。

兰儿家世虽然谈不上显赫，但也确实出身于官宦人家，是个大家闺秀。

“兰儿”这个小名是家里人对她的爱称，这兰儿本是一个非常可爱的小女孩，长得挺漂亮，也挺活泼，比较讨人喜欢。

这个兰儿就是后来的慈禧，根据慈禧的女官德龄的回忆录，兰儿从小就是一个很有志气的女孩，“她有伟大的梦想，那种梦想是如此的伟大，有时连她自己也有点害怕……她渴望在一个缥缈的将来，能够突破礼教的限制”，兰儿的心声正是武则天年轻时的心声。

根据德龄的介绍，兰儿年轻时跟荣禄关系很好，不知是真是假，反正慈禧掌权期间，荣禄确实仕途顺畅。

兰儿刚进宫时身份是个贵人，在她前面有五个等级：皇后、皇贵妃、贵妃、妃、嫔。

咸丰二年（1852年）二月，封了三个妃嫔，分别是贞嫔、云嫔和英贵人。不仅没封皇后，连贵妃都没有封。这个贞嫔就是后来的慈安，她的出身比其他人要好，出身于皇后家族钮祜禄氏，父亲穆扬阿是广西右江道道台。从清人的画像来看，慈安长得确实要比慈禧更温柔贤惠一些。

五月，咸丰晋升贞嫔为贞贵妃。咸丰此举很明显，这是立皇后的信号。这时候的慈禧或者说兰儿虽然不能说失宠，但确实有些失意。她忽然发现，宫廷其实比什么地方都残酷，如果你不能得到皇帝的宠爱，那你就什么都不是，只能眼睁睁地看着皇帝在花丛中穿梭，自己不光受冷落，还得受其他人欺负。

说实话，兰儿对咸丰有些失望，她原本以为皇帝是一个完美的丈夫，见了皇帝才发现，这个男的还经常让自己伤心。兰儿知道，要想在后宫里生存下去，自己必须有所改变，有所突破，技压群芳，成为咸丰皇帝最宠爱的人。

兰儿还沉浸在对未来的思考中时，咸丰已经立钮祜禄氏为皇后了。在咸丰还是皇子的时候，钮祜禄氏就随侍左右，两人感情比较深厚。

钮祜禄氏人品也确实不错，清朝的一些野史作家向来刻毒，但对慈安却笔下有情，称赞她节俭、贤惠、仁爱。钮祜禄氏深得咸丰宠信，中宫掌门人的位子是不会动摇的，但仍然存在风险，皇家里向来母以子贵，如果没有儿子，这个位子就不太牢靠。

遗憾的是，直到咸丰死，钮祜禄氏也没有为他添一男半女。

咸丰的独生子同治是慈禧生的，这是慈禧能够最终掌握权柄的最大筹码。

现在有一个问题，咸丰对慈禧到底是个什么样的态度呢？他喜不喜欢慈禧呢？

有两种截然相反的观点，一种认为慈禧不是咸丰的宠妃，这种观点甚至认为，咸丰在临死前想杀掉慈禧。

从清宫档案的记载来看，咸丰对慈禧并没有特别的宠爱。在咸丰六年（1856 年），慈禧生下同治，由懿妃升为懿贵妃，但这不表示咸丰对慈禧情有独钟，只能说他珍惜这个为他带来龙子的女人。咸丰最宠爱的妃子是丽妃他他拉氏，丽妃长得非常漂亮，风姿绰约，咸丰最希望丽妃为他生个儿子。

在宫中庆典中，皇后坐在东边头桌，丽妃坐在第二桌，慈禧坐在西边头桌。由此可见，慈禧跟丽妃是分庭抗礼的。在咸丰死后，那时已经成为太后的慈禧首先对丽妃采取了动作，虽然只是撤销了她的干果盘，但也说明了多年来慈禧一直对丽妃怀恨在心。

在咸丰生前的一些赏赐中，皇后和丽妃都得到了丰盛的一份，但偏偏慈禧没有。从这些生活的细节中我们可以看出，慈禧并不受咸丰的宠爱。咸丰病死当天，在他灵前祭奠的只有慈安和琳贵妃，慈禧无缘参加。要知道慈禧可是为咸丰生了儿子的女人，而且这个儿子马上就要当上皇帝了。

种种迹象表明，慈禧可能没有传说中的那么受宠。顾命大臣肃顺对慈安一向恭顺，偏偏跟慈禧关系不好，这是否也说明了慈禧的地位。肃顺是官场中的老手，如果慈禧真的地位很高，他不至于蠢到自绝前途的地步。

还有一些野史说同治不是咸丰的亲生儿子，因为咸丰妃嫔众多，却只有一个儿子，难免让人怀疑了。《清稗类钞》是这样记载的：慈禧对自己地位低下深为不满，很想要个儿子来提高自己的地位，后来听说有个宫女生了个儿子，便找人毒死这个宫女，然后把孩子抱过来，还告诉咸丰说，自己生下这个孩子一个多月了。

这个说法不太可信，因为清朝对皇子皇女管理非常严格，妃嫔一怀孕就得立即上报，哪能生下孩子一个月后才告诉皇帝。写这野史的人肯定不了解宫廷的制度。根据清宫档案的记载，同治确实是慈禧亲生的。当然，有人会说了，就算是慈禧亲生的，也不代表一定是咸丰的孩子。这个说法我们就不反驳了，理论上好像是有点道理，但谁敢碰皇帝的女人啊？慈禧就算要跟荣禄暗中苟且，也得出宫啊！

另一种观点更为流行，认为咸丰专宠慈禧。这个不难理解，因为慈禧是最终胜利者，掌握了最终的话语权。用慈禧自己的话说："文宗（咸丰）专宠我""入宫后，宫人以我美，咸妒我”“迨后皇子生，我之地位更巩固矣”。

慈禧能够掌握朝政大权，脸皮自然是很厚的，我们就不必跟她争论了。但是她说的似乎也有点道理，虽然我们从清宫的画像和照片中确实看不出慈禧有多么美丽，只能说比较而言还是不错的。

美国女画家卡尔曾经为慈禧画过像，她是这样描述慈禧的：太后真是一个极品女人，她身体各个部位极为相称，容貌之佳让人一看心生好感，太后的手嫩白纤细，身材苗条，头发漆黑如夜，太后的额头宽阔丰颐，眼睛明亮动人，眉毛弯如柳叶，鼻子挺拔，樱桃小口真叫动人，她的一举一动一颦一笑不带有任何的勉强态度，气质迷人，再加上她那丰满的耳垂和洁白如贝壳一般的牙齿，笑起来真的是百媚丛生，令人心旷神怡，我若不知道她已经六十九岁，还以为她是一个刚满四十的美妇人呢！哎，世上竟有这样的奇女子，她的美、她的庄严简直是用笔墨无法形容的。

认为咸丰专宠慈禧的人总结了以下几种理由：

一、慈禧貌美。我们现在看到的照片基本上都是慈禧老年时的，从她老年的样子中看不出她年轻时是绝代佳人，但肯定还是有些姿色的。当然很多见过慈禧的人都说她确实美貌。话又说回来，后宫里不可能有母夜叉，慈禧美，可能别人更美，这个不是受宠的必然原因。

二、慈禧聪慧伶俐，善解人意。一个精于权力斗争的女人不可能不聪明，但聪明也不是受宠的必然原因，很多时候，男人对聪明女人是非常防范和忌惮的。

三、慈禧有文化，代替咸丰批奏章。这个是事实，慈禧在少女时代就喜欢看历史，所以深谙权力斗争。咸丰后来沉溺于女色，自然疏于政事，让慈禧批奏章也是事实，而且他也看到了慈禧的才华。从这里可以看出咸丰还是比较重视慈禧的，但这是不是代表专宠她呢？

从一个男人的角度来说，重视一个人和喜欢一个人完全是两回事，喜欢跟专宠又完全是不同的。所以我们不妨大胆推测，咸丰看到了慈禧理政的才能，而他自己又沉溺于酒色之中，慈禧能为他分忧，他很高兴。再加上慈禧也有姿色，他觉得有这样一个贤内助还是很划算的。

逐鹿后宫

咸丰最敬重的女人无疑是皇后钮祜禄氏，最宠爱的女人是丽妃他他拉氏。丽妃在后宫的女人中姿色最为突出，不用说，后宫的女人都吃她的醋，连皇后也不例外。

咸丰四年（1854 年）秋，丽妃终于怀上龙种，听到这个消息，咸丰非常开心。一直以来，他最大的愿望就是丽妃能为自己生下一个皇子，如果没有意外的话，这个孩子就是未来的继承人了。咸丰对丽妃的宠爱越发深厚，捧在手里怕掉了，含在口里怕化了。

这一来，后宫里的其他女人就非常失落了，皇后钮祜禄氏心里最难受。身为中宫之主，她却不能为皇帝添一个儿子，哪怕是个女儿也可以聊以自慰啊！她心里有自卑感，更有愧疚感，还有危机感。

尽管如此，皇后看到皇帝这么高兴，还是希望丽妃能生下一个龙子，为了太平天国的事情，皇上已经很郁闷了，她多希望他能快乐啊！是的，作为一个女人，有时候必须得付出，尤其是皇宫里的女人。

慈禧可不这样想，她气得要死，入宫以来，她每天晚上都要诅咒丽妃，现在这个女人居然怀上了龙种，老天简直是故意跟自己作对。慈禧是个权力女人，但事到如今，她也只能忍受。

竞争已经开始了，慈禧必须想尽一切办法讨咸丰的欢心，让咸丰频繁地宠幸自己，然后自己也怀上龙种，只有这样才有抗衡的资本。咸丰第一次当父亲，虽然无限宠爱丽妃，但作为一个男人，他还是希望丽妃能顺利地产下龙种。所以，丽妃怀孕期间他也不好去骚扰她。

慈禧瞅准了这个缝隙，故意打扮得花枝招展，妖冶十足，日日陪伴咸丰。这段时间咸丰在政事上很不顺利，太平天国越闹越大，那些大臣一个个都没有作为。慈禧的陪伴让他很放松，很快两人感情便加深了。

更让咸丰感到贴心的是，慈禧还经常劝咸丰要注意身体，得节省点精力处理政事。咸丰一听，如饮甘露，这女人真贴心啊！

丽妃终于生产了，没想到居然是个女孩，咸丰很失望，今年二十五岁的他多希望有一个儿子啊！丽妃更失望了，原本想着母凭子贵，不断往上爬，现在看来还得再接再厉了。咸丰不是个好父亲，女儿也毕竟是自己的骨肉啊，就算失望也不应该表现出来，他居然把给孩子满月的赏赐品减半。孩子小，当然不知道伤心，但丽妃就伤心了。

最高兴的就是慈禧了，这时候她也怀上了，慈禧对肚子里的孩子说："你要争气啊，别让我像丽妃一样。"

这段时间，咸丰确实对慈禧好很多了，他很希望这次能产下皇子，为大清江山储备一个接班人。慈禧获宠后，后宫的女人们一样是怨声载道，个个眼红嫉妒。

如果说皇后还能容忍丽妃的话，对慈禧她是深恶痛绝的，出于女人的一种直觉，她觉得这个女人不是省油的灯，将来是个很大的威胁。相对来说，丽妃要单纯一点，跟皇后的关系也不是很僵，但慈禧就不一样，她眼珠子一动就让皇后生气，所以皇后很想找个机会惩治她。

虽然咸丰很尊重皇后，但这种尊重让她很受伤，作为一对夫妻，光尊重是不够的，还得生活融洽。这皇后迟迟没有生产，咸丰当然失望，再加上她心情郁闷，沉默寡言，老是一副老成持重的样子，如何能激起咸丰的宠爱？

皇后把自己的怒气全都迁怒于慈禧，但要想惩治这个女人并不容易，毕竟她现在很红，怀上了皇帝的龙种。皇后想起了祖训，清朝的祖训无非是要勤政爱民，不要荒废朝政沉溺女色。皇后自知已经难讨皇帝喜欢，便经常在他耳边聒噪："皇上，你要珍惜龙体，现在天下这么不太平，你如果不节省精力，处理政事，怎么对得起列祖列宗啊……"

"好了，好了，朕知道了，朕已经很烦了，你就不要再让朕烦心了。"

咸丰这人对祖训还是敬畏的，皇后这一说，短期内他还是有所收敛的。没过多久，咸丰又故态复萌，咸丰是非常好色的，而慈禧又恰好很有手段，咸丰肯定会对她厌烦的，只是现在新鲜劲儿还没过，所以还是经常往她那里跑。

皇后一听说咸丰又经常往那个女人那里跑，气得七窍生烟，心想我堂堂皇后，难道还收拾不了一个狐狸精。皇后太把自己当回事了，她不知道这大清国是皇帝一个人说了算。

咸丰六年（1856 年）正月，咸丰接连几天都在慈禧的储秀宫里，皇后一听，这还了得，皇上不处理国家大事，纵情声色，终于被我抓到了把柄。皇后于是宣太监，让他拿出祖训。接着，皇后带着太监，威风凛凛理直气壮地来到储秀宫。

赶到储秀宫时，咸丰正和慈禧一起休息，还没起床。皇后心里更加气愤，直接跪下，高声说道："请皇上起床听祖训。"

咸丰一听到祖训二字，心跳瞬间加速。咸丰立刻爬起来，恳求皇后："朕马上就去早朝，别让朕听祖训了。"

说完，咸丰匆匆离开，皇后阴笑一声，走到慈禧面前："还不快跟我去坤宁宫。”

慈禧虽明知皇后是醋劲发作，却也不敢不遵命。

到了坤宁宫后，慈禧非常乖，连忙跪地，皇后说什么，她就认什么，总之现在你是老大，要杀要剐随你便。皇后一听，算你识相，但好不容易逮住个机会，怎么能这样轻易放过她，于是大喝一声：“来人哪，棍棒伺候。”

慈禧强忍着耻辱，小心翼翼地护着肚子里的骨肉，默默地说：“孩子你一定要争气，将来娘就靠你报仇了。”

刚打两棍，咸丰忽然赶过来了：“你们这是干吗呢？多大一点的事，用得着这样吗？”

皇后叹气道：“皇上，这个女人妖媚惑主，如果不教训一下，将来怎么了得。”

咸丰道：“皇后，你也真是的，就算懿妃真有什么不对，她毕竟有身孕啊，你就原谅她一次吧！”

皇后答道：“既然皇上都这样说了，臣妾能不原谅吗？”

这场风波是平息了，但咸丰再也不敢随便去储秀宫了。

失意皇帝放纵自我

国家越乱，咸丰就越想寻欢作乐，麻醉自我。

咸丰贪恋美色，他身边的太监了解到皇帝的嗜好后，想尽了办法，终于为咸丰弄到几个绝色女子。他们当然不能说这些是宫女，就假装说都是打更民妇。

其中有四个最艳丽的女子，分别叫牡丹春、杏花春、海棠春和陀罗春。听起来有些像艺名，这些女人确实才貌双绝，不仅长得美艳，才艺方面也很突出。

我们先说说这个牡丹春，她是江苏人，据说在这四春中长得最妖艳。牡丹春离开家乡后经常想逃走，皇宫里确实富贵，可惜没有自由，这牡丹春可受不了，她就喜欢过自由自在的生活。所以她很闹心。

再说这杏花春，身份比较低微，是一个官员的奴婢。这个官员的大老婆很凶，她受不了这个女人在府里，所以想办法把杏花春撵走，送进了宫。杏花春进宫后，还记得主人的好，为他说好话，主人得以升官。

海棠春是大同人，一个有名的戏子，在天津唱戏时跟一个男青年爱上了，进宫后整日闷闷不乐。最后相思成疾，香消玉殒。

陀罗春是北京宣武门附近的一个寡妇，后来还进了尼姑庵，咸丰一次拜佛的时候看中了。郎有情而妾无意，陀罗春进宫八个月，每次咸丰想临幸她，她就长跪不起，硬是不想让咸丰得手。后来英法联军攻入圆明园，陀罗春投水自尽。

这四春都住在风景如画的圆明园里。

这些传闻是真是假不好说，俗话说得好，无风不起浪。从正史中我们还是能发现一些蛛丝马迹的，咸丰五年（1855年），兵部左侍郎王茂荫上奏，请咸丰住在皇宫里，不要住圆明园里。王茂荫话说得很含蓄，但咸丰还是动怒了，他将王茂荫交给刑部议处。

没多久，御史薛鸣皋听说圆明园修理围墙，以为咸丰又要住进圆明园，上奏说现在逆贼还未剿灭，千万不要临幸御园，以免产生荒唐的念头，把咸丰气得不行。

说实话，这些大臣也是为咸丰好，现在国事艰难，正是需要打起精神挽救国难的时候，沉溺女色只会消融人的斗志。咸丰不听劝，最后终于送了自己的性命，想来临死前连他自己也会后悔。

当然，咸丰也有他自己的痛苦，刚登基的时候他未尝不是一个勤于政事的好皇帝，后来发现无法改变现实，一切他不希望发生的事情都发生了，在治国方面他屡屡受挫。所以，他从美酒和女人中寻找解脱。

《清代野记》中对咸丰的评价恰到好处："咸丰季年，天下糜烂，几于不可收拾，故文宗以醇酒妇人自戕。"

说得一点没错，真是自戕。

第十章　告别这个让人伤心的世界

休息一段时间，咸丰的精神又好起来了。精神一好，他的老毛病又犯了，极想寻欢作乐。避暑山庄的风景不错，咸丰忽然产生了不问世事的冲动，他信笔写下了“且乐道人”四字，还准备让人挂在寝宫内。皇后听了非常担心，让他千万不要这么做，让大臣知道了不好。

热河度假

咸丰曾自比崇祯，说天启当亡不亡，崇祯不当亡偏亡。事实证明，他比不上崇祯，崇祯至少比他更有责任心。

咸丰到了承德避暑山庄后，一脸的阴霾。临走之前，他把一切政务都交给奕䜣。到了热河之后，他也顾不上处理政事了，整天发脾气。

不过，一段时间后，他发现在这里比京城舒服多了。在京城他无法轻松，到了热河后，不用处理政事，不用去管外国佬，也不用理那些“长毛”。只要不去想，他就觉得生活还是很美好的。这么一想，倒也豁然开朗，反正一切政事都交给肃顺去处理，慈禧帮忙看下奏章。自己呢，乐得轻松。

休息一段时间，咸丰的精神又好起来了。精神一好，他的老毛病又犯了，极想寻欢作乐。避暑山庄的风景不错，咸丰忽然产生了不问世事的冲动，他信笔写下了“且乐道人”四字，还准备让人挂在寝宫内。皇后听了非常担心，让他千万不要这么做，让大臣知道了不好。

咸丰倒也快活，每天在行宫里听戏，有时候还自己唱。

肃顺知道咸丰想放松，也很理解他的心情，专门找了许多漂亮女子侍奉他。

北京方面的文武百官都希望咸丰早点回来，现在洋人都走了，皇上应该快回来了吧！

咸丰收到奕䜣请他回京的奏折，召集肃顺、载垣等人商议回京之事。肃顺此时已经是咸丰身边最大的权臣了，他非常担心咸丰回京，他知道这是奕䜣等人担心自己左右咸丰而出的计策，决定极力阻挠咸丰回京。

肃顺这么做也是可以理解的，他好不容易混到权臣这个地步，这一回京，大权可能就要落入奕䜣等人的手中。当然，要说服咸丰必须抓住他的弱点，肃顺知道咸丰最怕的就是洋人，故意说道：“臣以为现在回京万万不可，洋人诡计多端反复无常，他们说退兵不可信。万一皇上回去，他们又打回来了呢？要知道，洋人火烧圆明园就是憎恨皇上啊！以臣愚见，不如先暂住热河行宫吧，等风声彻底过去以后，再回不迟啊！”

载垣跟肃顺一个鼻孔出气，也说道：“是啊是啊，何况现在冬天临近，皇上您龙体欠安，不能冒这个险啊！”

咸丰一听，也有道理，行宫住着多舒服，回去后又得政务缠身了，那好吧，就在这里住下了。等什么时候养好精神再回去。

于是，咸丰在奕䜣的奏折上批复：朕经过反复思考，以为木兰秋狝这个事是遵循祖先旧制，热河和京师也不远，在热河足以驾驭形势，回京之事，各位王公大臣不准再奏。

有一点，肃顺和载垣是说对了，这时候咸丰的身体已经很差了。每隔几天就会咯血，咸丰的病很可能是肺结核。在当时，肺结核是不治之症。咸丰听人说，喝鹿血能治此病，便特地养了一群鹿，每天喝几碗。鹿血不是药，喝了鹿血对病没有益处，反而对身体损耗更大。

咸丰身体越来越差，慈禧需要批阅的奏折就越来越多。此时，慈禧的想法也非常多，她在想咸丰让她代批奏折到底是什么意思。是因为自己懂文史，比皇后文化水平高？还是因为自己是他唯一皇子的母亲？或是皇上希望用自己来牵制权臣肃顺？

不管怎样，她很珍惜这个机会，她很了解咸丰的病情，过不了一年半载，六岁的载淳就会继承大统，到时候还得靠自己这个母后指点。现在正好借着这个机会了解政务，将来或许能将大权控制在自己的手中。

一天，慈禧在批阅奏折时，发现了恭亲王奕䜣的奏折，恭亲王请求过来看望皇帝。慈禧意识到这个举动不寻常，开始动脑筋了，以前恭亲王是皇上的竞争对手，但同时他又是肃顺的政敌。他这次来热河的目的无非是两个，一个是看望咸丰的病情，如果不行的话他得尽早为自己作打算；另一个就是劝咸丰回京。

慈禧跟奕䜣不是同盟，也不是敌人，但她与肃顺是政敌。根据敌人的敌人就是朋友的原则，慈禧决定无论如何要让奕䜣过来。肃顺经常在咸丰面前说慈禧专权，干预政事，慈禧对此一直怀恨在心。

要奕䜣过来，必须先征求咸丰的意见。咸丰本来准备把这道奏折发给军机处，慈禧拿着奏折直接找咸丰："皇上，这道折子是六爷发过来的，您还是亲自签吧！"

咸丰脸色变得阴沉，他一向对奕䜣心怀芥蒂，说道："我让你发下去。"

慈禧："六爷是您的亲兄弟，他的折子您还是亲自批吧！"

咸丰瞪了慈禧一眼："那你先搁着。"

肃顺在这段时间也没少活动，他逮住慈禧不在咸丰身边的时候，诚惶诚恐地说道："奴才有句话，斗胆启奏皇上。奴才这话说出来，很可能人头不保，还望皇上明鉴啊！"

看肃顺这么诚惶诚恐，咸丰很吃惊，口气亲热地说："肃六，有什么话你就起来说吧！"

肃顺战战兢兢地起来，凑到咸丰的耳边，低声说道："懿贵妃恃子而骄，专权独断。皇后却仁厚善良，臣担心有一天皇后可能遭遇不测啊，希望皇上为皇后作点打算。"

咸丰听了，也感到害怕，忙问："那你有什么好办法吗？"

肃顺顿了顿，说："皇上身体不好，万一有个三长两短，只怕母后干政的事情会发生，当年汉武帝就做得很英明，希望皇上杀伐决断啊！这种事情犹豫不得。"

咸丰知道肃顺是让自己赐死慈禧，肃顺的话确实是有道理的，自己的身体这么差，随时都可能驾鹤西去。吕后专权，武曌篡位，对这些事情咸丰都熟悉得不能再熟悉。像汉武帝那样直接赐死钩弋夫人，固然省事。但考虑问题还不能这么简单，咸丰对肃顺说："朕会好好考虑，记住，今天说的话不要让第三人知道。"

"喳，奴才就是长了九个脑袋，也不敢乱说啊！"

这次谈话虽然很机密，但最后还是被慈禧知道了，可想而知慈禧多么恨肃顺，这就是为什么后来慈禧坚持要处死肃顺。

在咸丰最后的日子里，大臣中肃顺跟他的关系最近，一有事情他就召肃顺。肃顺也清楚地知道，这是最关键的时刻。皇上的身体越来越差，一旦逝去，政局将发生大变动，在这个变动中自己可能成为大清国的监国人，也有可能成为刀下鬼。如果让慈禧或是奕䜣攫取了权力，自己的生命是岌岌可危的。

咸丰思考再三后，还是决定不让奕䜣来热河，他给奕䜣的回复是：你我兄弟情深，自从上次分别我也一直想你，但可惜我现在生病了，如果你来看望我，难免回首往事，到时候只会让我的病加重，而且你在京城把事情处理得也很好，我认为还是没必要见面。

奕䜣收到谕旨后，知道肯定又是肃顺搞的。没多久，奕䜣又听说肃顺在咸丰面前说自己想跟洋人联手，合谋篡位。奕䜣叫苦连天，他知道肃顺准确地把握住了咸丰的心理，咸丰自从登上皇位后，一直为当年争储的事情猜忌自己。

老实说，恭亲王奕䜣很失望，自己这么卖力干活，皇上还不信任。与其吃力不讨好，还不如少干一点，或者干脆什么事都不干。但有时候不干也不行，因为后来潮州反入城事件，奕䜣处理得不是很好，咸丰发谕旨对他表示不满。

奕䜣正好借着这个机会诉苦水，奕䜣说了这样的话："虽委屈之隐，固不必求谅于人言；而专擅之讥，则不敢不预防于众口。"

意思很明显：如果你听信谗言的话，我在这边没法安心做事，我很冤枉，我很郁闷。

临终顾命伏祸端

咸丰最后的日子肯定是不太快乐的，他不仅被病痛折磨，还得考虑身后的事情。总的来说，有三方势力，一个是以恭亲王奕䜣为首的亲王派，一个是以慈禧为首的皇后派，一个是以肃顺为首的权臣派。这三派都不可能是省油的灯，如何确保自己死后国家不会发生动乱呢？

就当时来说，咸丰最相信的人是肃顺，他相信肃顺对自己赤胆忠心，从后来的历史来看，也没有证据表明肃顺这个人不忠心。咸丰的意思是让以肃顺为首的顾命大臣牵制其他两派，其他两派作为对立面存在，也能制约肃顺派，使权臣不能为所欲为。

当然，咸丰也很担心皇后钮祜禄氏的命运，尤其是在这最后的日子里，他更加眷恋皇后。根据野史记载，咸丰对慈禧非常防范，担心自己去世之后，慈禧干政，危及社稷，更担心皇后遭遇不测。他把自己的担忧全都告诉了皇后，为了保护皇后，他给了皇后一道密旨，密旨上写着，如果那拉氏行止失德，有违礼制，让皇后便宜行事，当众赐死那拉氏。慈禧耳目很多，听说此事后，对皇后恭谨有礼，事事顺遂。皇后被她感动了，当着慈禧的面烧掉密旨。

这虽然是野史，但非常深入地反映了当时时局的敏感，一个不小心，就可能失势，甚至有可能送掉性命。

咸丰不是一个刚强的人，就算他意识到危险，也不可能有那份魄力杀掉慈禧。他当然也反感慈禧对政事的兴趣，更厌恶她心机之深。但如果让他动手杀掉自己宠幸过的老婆，他还真办不到。有道是一日夫妻百日恩，何况慈禧还为他生下了未来帝国的继承人。

刚开始的时候，最得势的是肃顺，论起心计，肃顺终究还不是慈禧的对手。他跟慈禧的矛盾也不仅仅局限于争权，咸丰在逃亡热河的当天，准备工作就是由肃顺做的，肃顺只准备了一辆马车，就咸丰一人坐在车里。其他人都是坐民间雇的马车，肃顺分给慈禧的是一辆破骡车，一路上颠簸难忍，慈禧受尽了苦头。她坐在骡车里上下颠簸的时候一定恨透了肃顺，中途她还请求肃顺给她换一辆。

肃顺漫不经心地回答："现在到哪里去找马车，到了休息地再说吧！"

后来到了一个小镇，慈禧又提出这件事，肃顺很不耐烦地说："现在都什么时候了，我哪有闲工夫管这些鸡毛蒜皮的事啊！"

慈禧那辆骡车可能真的是非常破，在半道上，肃顺经过她旁边时，她流着眼泪哀求："大人，你帮个忙，帮我换一辆车吧！"

肃顺不胜其烦："我说劳驾你顾全点大局行不，逃难之时名堂还这么多，你以为你是皇上啊！"

慈禧还想哀求，肃顺已经扬长而去。

到了热河行宫后，肃顺想办法让咸丰过着奢侈生活，但是对于下面的妃嫔却非常吝啬，尤其是慈禧。

肃顺当时一人之下万人之上，慈禧对他的所作所为也只能忍受。

咸丰十一年（1861 年）七月，皇上突然病危，接连几天昏迷不醒。之后，有段时间回光返照，感觉精神不错。

一天，咸丰召见肃顺，在召见之前，咸丰已经让所有闲杂人等都退下，肃顺一进来，就感觉到皇上有大事要找自己商量。

果不出所料，咸丰让肃顺坐下，在封建社会里，皇上让臣子坐下那是莫大的恩宠。肃顺当然不敢越礼，但咸丰坚持让他坐下，他只好找个垫子，坐在地上。

咸丰有气无力地说："肃顺，朕对你如何？"

肃顺一听，立即五体投地，说道："皇上对奴才的恩德比天还高比地还厚，奴才来生也报答不尽。"

咸丰听了点点头，疲倦地说："你是个知恩图报的人，朕自信待你不薄。我们君臣一场，也是缘分，只是恐怕来日无多了，现在朕最担心的是皇后。"

听皇上这么说，肃顺泪流满面，说道："皇上，你不要乱想了，皇上正当年富力强，一定会长命百岁的。"

咸丰淡淡地说："朕如果走了，你要保护好皇后，不要让别人欺负她，如果有人想爬到皇后的头上，你一定要阻止。"

七月十四日，咸丰的病情加重，大家都在积极准备，以防皇帝驾崩后，会出现混乱。混乱中，有人得利，也有人会遭殃。

七月十六日，上午咸丰还好好的，下午突然昏厥。御医赶紧过来为咸丰诊治，咸丰苏醒以后非常无力，立即召集王公大臣等人。咸丰对大家说:“朕可能快不行了。”

接着，咸丰说出了八个顾命大臣的名字，这些人清一色都是肃党。在顾命大臣的名单中没有奕䜣，咸丰是担心奕䜣变成本朝的多尔衮。

这时，咸丰握着同治的小手，流泪对肃顺等人说:“朕把载淳交给你们了。”

八个顾命大臣连忙跪地，说道:“臣等一定尽力辅佐幼主，请皇上放心。”

接着，咸丰让人写下谕旨:“立皇长子载淳为皇太子，命载垣、端华、景寿、肃顺、穆荫、匡源、杜翰、焦佑瀛为顾命大臣，赞襄一切政务。钦此。”

临终前，咸丰也召见了慈禧，不过他说的话让慈禧有些无语，咸丰说:“兰儿，朕对你只有一个要求，尊重皇后。”

慈禧愣了片刻，立即说道:“臣妾一定谨遵皇上教诲。”

当天晚上，咸丰就驾崩了。

听说咸丰死去，肃顺大哭，其悲痛之真切，不可能是作秀，一个臣子对主子的忠心表露无遗。

消息传到北京后，最郁闷的是恭亲王奕䜣，自己做了那么多事，连个顾命大臣都沾不上。他明白皇兄就是到死都还在猜忌自己，奕䜣当然不甘心就这么出局，在权力场中，有时候出局意味着危险。

咸丰虽然西去，但把一切事情都安排好了，政务交给顾命大臣。他也考虑到顾命大臣可能擅权，操纵朝政，所以又给了皇后一个“御赏”印章，给皇太子载淳一个“同道堂”印章，“同道堂”印章虽然名义上是载淳的，但其实还是由他的母亲慈禧保管。顾命大臣所拟的圣旨，只有在上面盖有“御赏”印章，末尾盖有“同道堂”印章才能生效。

这样三方掣制，能够确保权力平衡，至少咸丰是这样盘算的。咸丰如此设计，是希望通过牵制作用，等载淳长大时，皇权能够顺利过渡到他手中。

实际上，咸丰去世没多久，肃顺等人就向慈禧开战了。顾命大臣拟了一道圣旨，尊钮祜禄氏为母后皇太后，第二天才尊慈禧为圣母皇太后。也就是说两宫并尊，但从时间的先后顺序来看，显然是更尊钮祜禄氏。慈禧当然会记恨。

两宫共除肃顺

咸丰十一年（1861 年）八月二十四日，肃顺带着顾命大臣们进入东西宫，和两位太后讨论公文处理的程序。肃顺说，奏折由八位大臣看就行了，谕旨也由八大臣共同拟定，两宫太后只要负责盖章就可以了，为了防止后宫干政，太后不可以更改谕旨。

这个要求无论是钮祜禄氏还是那拉氏都无法接受，她们坚持要审阅谕旨，只有经过她们的审定，谕旨才能生效。

其实，肃顺的要求并不过分，咸丰临死前授权给这两个女人，无非是要她们在关键时候限制顾命大臣，所谓关键时候就是顾命大臣有可能做出危害大清江山的事情。两宫太后要求审阅奏折和谕旨，分明是想干政。

钮祜禄氏本来对政务兴趣不大，她之所以这么做，显然是受到了慈禧的怂恿。在慈禧跟权臣的斗争中，钮祜禄氏始终与慈禧的步调保持一致。钮祜禄氏真是智慧不高，她连真正的敌人都看不清楚，最后被人吃掉也是情理之中。

肃顺这时也犯了大错，他最后居然妥协，两个太后时时以小皇帝的名义出头，他也觉得很难抵挡。当然，这跟肃顺轻敌有很大的关系，钮祜禄氏不足为惧，慈禧也只是一个二十六岁的女人，难不成她真能翻起什么大浪？

慈禧向来跟皇后水火不容，这时为了对付共同的敌人，不惜低声下气和皇后结盟，由此可见她绝非等闲之辈。跟皇后结盟是一件大事，如果弄巧成拙的话，很可能祸及自己。为了确保这事能做得天衣无缝，慈禧派出了心腹太监安德海。安德海办事很给力，果然说动了皇后。

东西太后这么一联手，肃顺等人就有些烦闷了。两太后一致认为，要扳倒权臣，必须先抓出他们的罪证。这个重要的任务自然交给了安德海。

安德海是一个心机很深手腕很高的太监，他密切地关注着肃顺的一举一动，终于抓住了肃顺的一些把柄。是不是诬告我们不知道，反正根据安德海提供的情报，肃顺有大逆不道的行为。他说肃顺喜欢开玩笑似的坐在皇帝的宝座上，还问身边的人自己像不像皇帝。还有一个情报是肃顺的一个内监不小心打碎了他的羊脂玉杯，内监很害怕，后来想出了一个法子，把玉杯粘好，第二天给肃顺送参茶的时候，突然装出很吃惊的样子，一不小心把手中的玉杯摔落在地。肃顺惊问其故，内监说我刚才在你的鼻孔里看到两道黄气，就像龙脉一样，所以不小心把杯子给砸了。接下来我们不用猜也知道，说得肃顺不怒反喜。这个故事太老套了，八成是捏造的。在袁世凯身上也有一个同样版本的故事，从这个故事里我们能感到，当时的权力斗争是多么的凶险。

收集的“情报”无疑会激起更多的人对肃顺不满，有助于建立起一个反肃顺联盟。肃顺却把更多的心思放在奕䜣身上，他认为奕䜣才是最大的敌人。肃顺认为，奕䜣没有被列入顾命大臣肯定会不满，所以首先必须把他稳住。于是，肃顺发出一道谕旨，既让奕䜣参与丧事，又让他留在北京，不必前往热河。

奕䜣收到奏折后，知道肃顺对自己怀有很深的戒心，但是不久，他就见到两个太后派来的密使，让他立即前往热河奔丧。奕䜣很振奋，上奏请求奔丧，最终得到恩准，奕䜣知道两太后起到很大作用。

九月五日，奕䜣到达热河，哭丧是必走的程序。哭完之后，奕䜣请求面见两个太后，奕䜣还让肃顺和自己一起，以显示光明正大。肃顺反倒不好意思了，说："你们叔嫂见面，外人怎么好掺和呢？"

这是肃顺犯的一个大错，奕䜣和两太后谈了两个多小时，内容全是关于如何扳倒肃顺集团的。奕䜣建议两太后尽快携小皇帝进京，到了北京后再除掉肃顺集团。

九月十一日，奕䜣星夜离开热河，前往北京。他走得这么急，是怕事情泄露，肃顺会杀了自己。

京城里的一些官员也开始活动，大学士周祖培以前饱受肃顺欺负，他和御史董元醇一起上了道奏折，请求太后垂帘听政。这个奏折无疑是对肃顺公开发难。两太后自然是极力称赞周祖培的建议，但肃顺等人坚决反对。

双方展开了激烈的争执，载垣说道："臣等的责任是辅佐幼主，如果听命于太后的话，那么太后就相当于皇帝了，臣等就相当于军机大臣了。这不是先皇的意思，先皇是让臣等尽顾命大臣的责任。"

载垣想说的是，如果让太后垂帘听政，后果不堪设想。肃顺要求两宫太后把周祖培和董元醇的奏折交出来，在顾命大臣的集体威慑下，她们不得不交出奏折。随后，肃顺等人就奏折内容拟旨，狠狠地批评了董元醇，还影射奕䜣干政。

两宫太后看了谕旨后，拒绝盖章，双方大吵起来。肃顺看她们不肯照办，便号召八大臣集体罢工。行政机构一瘫痪，两太后也不能不让步，只好盖章发下去，八大臣小胜一回合。

两宫太后在这场斗争中虽然失败了，但也引起了朝野上下的同情，人们很自然地把肃顺联想成鳌拜那样的人。京城的官员都知道，现在唯一能牵制肃党的就是两位太后了。垂帘听政固然是不好的，但事到如今，这也是唯一能制服肃顺集团的方法。那些反对肃顺的大臣很自然地希望太后通过垂帘听政的方式打倒权臣。

十一月一日，两宫太后和新皇帝到达北京，奕䜣率领文武百官出城跪迎。十一月二日，两宫太后召集奕䜣等人，先对肃顺破口大骂，接着商议制敌之策。

政变紧锣密鼓地开始了，慈禧拟定好谕旨，将载垣、端华、肃顺三人先革职问罪。奕䜣手持诏书，先来到载垣和端华面前，宣布他们有罪。这两个人还以为拟旨的权力在顾命大臣那里，大声抗辩："我们都没有拟旨，诏书从何而来？"

肃顺此时还在密云护着咸丰的灵柩，半夜忽然听到敲门声，有人把他从床上抓起来。

十一月三日，两宫太后以小皇帝的名义，宣布奕䜣为议政王，由奕䜣成立新的军机处。

政敌已经成为阶下囚，接下来的事情就好办了，罗织罪名简直是太容易了。十一月八日，罪名已经颁发各部，其中有一项就是肃顺等人造假，慈禧说咸丰根本没有安排什么顾命大臣，全是肃顺趁皇帝病危，从中搞鬼。两太后以皇帝的名义赐载垣和端华自尽，肃顺的处罚要重一些，斩立决。

肃顺也算是一条汉子，在囚车里面无惧色，高声叫骂，旁边的人都被他吓坏了。到了刑场后，肃顺不肯下跪，被刽子手用铁棍敲破膝盖才跪下。

除掉这三人后，其他五人也分别被革职查办。慈禧就这么轻松地把权力握在手中，这次政变狠、准、快，慈禧果然是一个狠辣西太后。

除掉肃顺后，奕䜣和慈禧都笑得很开心，大清的朝政掌控在了他们手中。

写到这里，我们发现，咸丰临死前的精妙算盘最终还是打错了，这一切都不是咸丰所设想的。

清朝皇帝列表

（清建国于1616年，初称后金，1636年始改国号为清，1644年入关。）

姓名	庙号	年号	年份	陵墓
爱新觉罗·努尔哈赤	太祖	天命	1616	福陵
爱新觉罗·皇太极	太宗	天聪　崇德	1627　1636	昭陵
爱新觉罗·福临	世祖	顺治	1644	孝陵
爱新觉罗·玄烨	圣祖	康熙	1662	景陵
爱新觉罗·胤禛	世宗	雍正	1723	泰陵
爱新觉罗·弘历	高宗	乾隆	1736	裕陵
爱新觉罗·颙琰	仁宗	嘉庆	1796	昌陵
爱新觉罗·旻宁	宣宗	道光	1821	慕陵
爱新觉罗·奕詝	文宗	咸丰	1851	定陵
爱新觉罗·载淳	穆宗	同治	1862	惠陵
爱新觉罗·载湉	德宗	光绪	1875	崇陵
爱新觉罗·溥仪		宣统	1909	华龙陵园

图书在版编目(CIP)数据

这才是清朝. 7，太平军兴 / 鹿鼎公子著. —2版
. —北京：中国法制出版社，2023.6
ISBN 978-7-5216-2906-4

Ⅰ. ①这… Ⅱ. ①鹿… Ⅲ. ①中国历史－清代－通俗读物 Ⅳ. ①K249.09

中国版本图书馆CIP数据核字(2022)第173573号

策划编辑：胡 艺（ngaihu@gmail.com）
责任编辑：马春芳　　　　封面设计：汪要军

这才是清朝. 7，太平军兴
ZHE CAI SHI QINGCHAO. 7，TAIPING JUNXING
著者 / 鹿鼎公子
经销 / 新华书店
印刷 / 三河市国英印务有限公司
开本 / 880毫米×1230毫米　32开　　　　印张 / 7.5　字数 / 148千
版次 / 2023年6月第2版　　　　2023年6月第1次印刷

中国法制出版社出版
书号ISBN 978-7-5216-2906-4　　　　定价：39.80元

北京市西城区西便门西里甲16号西便门办公区
邮政编码：100053　　　　传真：010-63141600
网址：http://www.zgfzs.com　　　　**编辑部电话：**010-63141815
市场营销部电话：010-63141612　　　　**印务部电话：**010-63141606
（如有印装质量问题，请与本社印务部联系。）